# イチロー流　準備の極意



児玉光雄

青春新書
INTELLIGENCE

# はじめに

２０１６年、イチローにとって、メジャーリーガーとしての16年目のシーズンが始まる。今シーズン、私たちは必ずや彼のメジャー通算３０００安打達成と日米通算安打数でピート・ローズのメジャー通算安打記録を超える瞬間をこの目で見ることができるはず。

私はこの本をイチロー流の「仕事論」というテーマで書いてみようと思う。なぜ、イチローはその道の頂点に上り詰めることができたのか。そのヒントは、彼の日々の目立たない準備の作業の中に隠されている。

あるとき、イチローはこう語っている。

「小さいことを積み重ねることが、とんでもないところに行くただ一つの道」

些細なこと、苦しいこと、そして、やるのが億劫《おっくう》なことであっても、それが仕事の成果を上げるのに不可欠なら、決して手を抜くことなく、誰よりも命懸けで一心不乱にのめり込めたから、イチローは超一流のメジャーリーガーに上り詰めることができたのだ。

最高の結果を残したある試合後のインタビューで、彼はこうも語っている。

「こんなことはもうないし、この時点で終わっていることです。早く明日になってほしい。こういう結果の時に余韻に浸ったりすると、この先、ロクなことはないですから」

まるで成功を嫌悪しているかのような表現である。よい結果に浮かれることを強く戒めていることがこの言葉から読み取れる。

また、イチローは、思い通りにいかなかったことへのこだわりが半端ではない。ある時、記者からの「ほかの選手にないもので、あなたが持っているものは何か？」という質問に対して、イチローはこう語っている。

「4タコ（4打席ノーヒット）で回ってきた5打席目を心から喜べることですね」

思うようにいかない時ほど、平常心を維持してモチベーションを上げ、目の前の仕事を最高のものに仕上げる。それがイチロー流仕事術の真骨頂と言っていい。

このように、イチローの言葉には、彼の成功習慣を知るダイヤモンドの原石が存在する。

本書では、その原石を磨き上げる作業として、心理学の見地から彼の味わい深い言葉を抽出して私なりの考察を加えた。この本に紹介したイチローの言葉を深く噛みしめながら、仕事におけるあなた独自の成功習慣を構築していただきたい。

２０１６年３月

追手門学院大学客員教授　児玉光雄

# 目次

## 第4章　モチベーションの高め方

## 第5章　不安を味方にする

## 第6章 正しい目標設定

## 第7章 仕事を面白くする視点

第8章　真の楽観主義者であれ

## 第9章 現状《いま》の自分の疑い方

編集協力／コーエン企画
DTP／エヌケイクルー

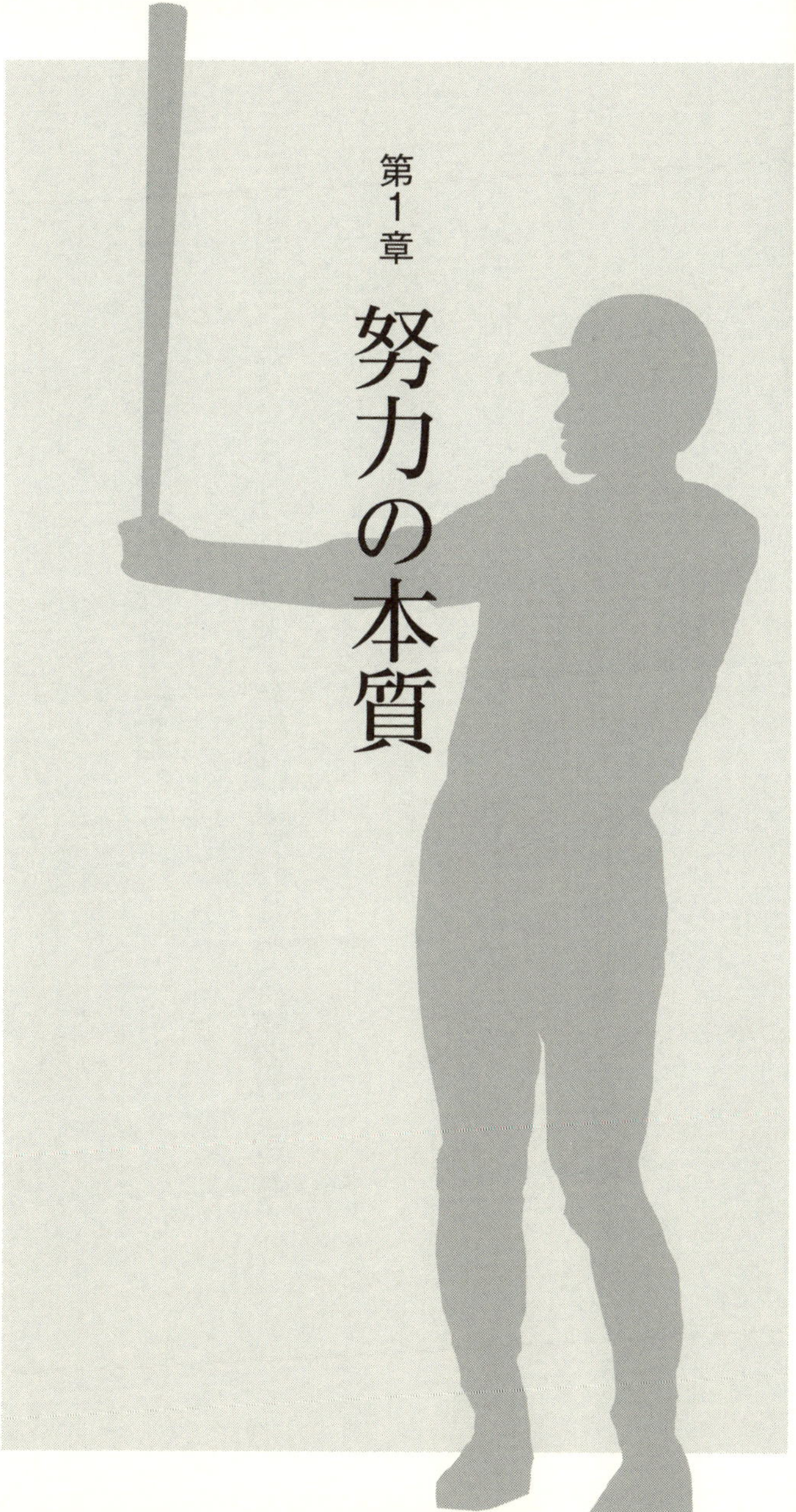

# 第1章 努力の本質

## 大仕事を成し遂げる〝小さな積み重ね〟

間違いなく3000本安打は終わりではありません。
ゴールではないのです。
そうなったとしても、
いずれやってくるプロセスにすぎません。

（メジャー3000安打への思い入れについて語った言葉）

２０１６年のメジャーリーグで注目を集めているのが、イチローのメジャー通算３０００安打達成なるか、という話題だ。２０１５年シーズン終了時のメジャー通算安打数は２９３５本だから、あと65本。そればかりではない。イチローの日米通算安打数は４２１３本。ピート・ローズのメジャー通算安打記録に並ぶまであと43本に迫っている。

しかし、イチローにとっては、こうした大記録もプロセスにすぎないという。見方を変えれば、彼にとっては、記録を塗り替えた時の安打が重要なのではない。毎日の１本１本、すべての安打が、同じように重要なのである。

私たちは、イチローが１本ずつヒットを積み上げるその一瞬、一瞬に命を懸けていることに、あまり気づかない。彼はこの一瞬のために、これまでの人生の時間の多くを注ぎ込んできたと言っても過言でない。

過去はすでに過ぎ去ったもの。そして未来は未《ま》だ来ていないもの。人生とは、目の前の一瞬しか存在しない。未来を切り拓くには、目の前の大切な一瞬に命を懸けよう。それ以外に、私たちに選ぶ道はないのである。

## § 目の前の仕事に全力を尽くす

## 努力の方向性を間違えるな

努力をすれば報われると
本人が思っているとしたら残念。
第三者が見ていると努力に見えるが
本人にとっては全くそうではない、
という状態になくてはならない。

（「努力」の自分なりのとらえ方について語った言葉）

ビジネス誌を中心に、マス・メディアでは、成果主義という言葉が躍っている。しかし、まだまだ日本では成果主義よりも、頑張り主義という言葉のほうが似つかわしい。たとえ成果が上がらなくとも、頑張る姿を見せていれば、ある程度認めてもらえるのが日本の社会なのである。

たとえば、日本人リーダーが好んで口にする常套句は次のようなものになるだろう。「あいつはあれだけ頑張っているんだから大目に見てやろう」「君の頑張っている姿を見せてくれ！」「とにかくがむしゃらに働けば、なんとか結果は出るもんだ」などなど。

しかし、本当にそうだろうか。頑張ることはそんなに尊いのだろうか。私の考えは違う。結果が出るなら頑張らなくてもいいのである。あるいは、いくら努力しても仕事の成果が上がらないなら、その努力は間違っている。

日本人アスリートは、「一生懸命」という言葉をよく使う。しかし、プロが一生懸命に取り組むのは当たり前のことであり、本人があえて口に出して言うことではない。そういう意識が脳裏から消えた時、仕事への取り組み方が本物になる。

## §「一生懸命」に逃げない

## 「オンリーワン」はあえて目指さない

一番になりたかったですね。
僕は、ナンバーワンになりたい人ですから。
オンリーワンのほうがいいなんて言っている
甘いやつが大嫌い、僕は。
この世界に生きているものとしてはね。
競争の世界ですから。

（2008年のシーズン、張本勲氏の通算安打記録3085本にあと2本及ばなかったことに触れて）

この世の中はますます厳しい競争社会になりつつあり、弱肉強食の原理は相変わらず健在である。つまり、能力のない人間のほうから容赦なく切り捨てられる時代なのである。

多くの人々が誤解していることがある。それは「自分が担当している仕事は自分のためにある」という誤解である。あらゆる仕事は特定の人間のために存在するのではない。仕事が人を選ぶのであり、その仕事をすべきは、その仕事で最大の成果を上げられる人間なのだ。まず仕事ありき。成果を上げられない人間は即刻置き換えられる運命にある。

メジャーリーグであれ日本のプロ野球であれ、選手は、まず相手チームと戦う前に自軍のチームメイトとのポジション争いに勝利しなければならない。そんな環境では、イチローが言うように「オンリーワンでいい」といった考えはまったく通用しない。

どんな業界でも、ナンバーワンにはそれに見合った報酬がついてくる。なぜイチローがこれまで莫大《ばくだい》な報酬を獲得したか。それは彼が置き換えの利かない凄いパフォーマンスを、与えられたポジションで最大限に発揮してきたからだ。厳しい競争社会で切り捨てられたくないなら、目の前の仕事で置き換えの利かないナンバーワンを目指すしかない。

## §ナンバーワンにこだわれ

## その仕事の〝スイートスポット〟はどこにあるか？

バッターボックスでは二度と同じ体験ができない。
同じピッチャーでも、同じ対戦はできないんです。
全部が違う。
同じボールなんて二度と来ない。
これがバッティングの難しさなんです。

（バッティングの技術の難しさについて語った言葉）

アメリカの著名な哲学者ジョシュア・ハルバースタム博士はこう語っている。
「仕事を完成させたということ。その努力そのものに価値がある。大切なのは行動であり、自分自身の気持ちだ。どれだけ真剣に打ち込んだかということが、仕事やキャリアを評価するうえでの鍵になる」（『仕事と幸福、そして人生について』ディスカヴァー・トゥエンティワン刊より）

あくまでも真剣に目の前の仕事の一瞬にベストを尽くす。それができるか否かで仕事の出来映えは大きく違ってくる。真のプロフェッショナルは敏感にその違いを察知して最高の成果を上げる。そのためにはなんとしてもあなたの〝スキル〟を磨かなければならない。

野球のバットに「スイートスポット（最適打点）」というものがあることをあなたは知っているだろう。イチローのように、飛んでくるボールをスイートスポットでとらえ、ヒットを打てるスキルが身につくまで延々と続ける。これが仕事というものである。うまくいけばそれでよし。うまくいかなければその原因を深く探って作業に修正を加えればよい。仕事とはそんな努力の連続体なのである。

## §仕事は挑戦の連続

## 自分を客観視する能力の必要性

その時、なんだか自然に頭の中で始めているんですよ。『イチロー選手バッターボックスに入りました。さあ、緊張の一瞬。ピッチャー足が上がって第1球、投げたー』みたいに。そうしたら、なんだかとても落ち着いてきたんです。

（2009年のWBC決勝の韓国戦で決勝打を放った時の心境について語った言葉）

この「一人実況中継」が、心臓が飛び出そうな、緊張感がＭＡＸの場面でイチローに平常心をもたらし、決勝打に結びついたと私は見ている。どんなにプレッシャーのかかった場面でも、イチローのような優れたメタ認知能力の持ち主は冷静になってその状況に対処できる。メタ認知能力とは、「自分を客観視する能力」のことだ。具体的には、スポーツ心理学で言う「イメージトレーニング」によってこの能力を高めることができる。

実際の現場をリアルにイメージしてあらかじめリハーサルすることにより、その作業がうまくいく確率は飛躍的に高くなる。一流のセールスマンは、その日の朝、具体的に商談する顧客の顔を思い浮かべながらリハーサルを丹念に行うという。これが当たり前にできるようになれば、スランプに陥っても問題点を的確に抽出しやすくなる。そして、物事を冷静に客観視して、打開策を探り出すことができるようになる。

イメージトレーニングの効用は、単にプレッシャーに強くなるだけではない。この習慣を身につけることによりメタ認知能力が高まり、驚くほど事がスムーズに運んで成果を上げる自分にあなたは気づくようになるだろう。

## §イメージ力を高めよ

「考えて動く」よりも「感じて動く」

実戦でないとできないことがあります。
一瞬の判断は練習では養われません。

（実戦の大切さについて語った言葉）

日本人のアスリートは、とにかく練習が好きである。来るべき実戦に備えて入念に練習を繰り返すことを重要視する。しかし、いくら練習に時間を費やしても学べないことは驚くほど多い。時には時間の無駄遣いにしかならないこともたくさんある。

そもそも、練習では考えて動くことが主流になる。同じ条件で、たとえば、変化球が苦手なら、変化球一本に絞って攻略法をああだこうだと考えながら試行錯誤を繰り返す。基本を固める練習である。

もちろんそれも重要だが、基本を学ぶ時間をできるだけ短縮して実戦に飛び出そう。そして実戦では「考えて動く」ことよりも、「感じて動く」ことを優先させよう。なぜなら、プロ同士がしのぎを削る場は実戦であり、そこでは日々同じ状況はあり得ないからだ。

キャリアを積み重ねるとは、実戦をできるだけ多く経験することを指す。実戦で〝感じる〟ことにより、過去に体験したことのない場面が現れても咄嗟《とっさ》の正しい判断ができるようになる。たとえ間違っても、脳はそれを記憶して次の機会で改善されたプログラムを出力してくれる。これは教科書やマニュアルでは絶対に学べないことを肝に銘じよう。

## § 〝実戦〟での経験を積み重ねる

## 「自分の限界」には挑み方がある

打てば打つほど、
分かってくれば分かってくるほど
バッティングは難しい。

（キャリアを通して感じたバッティングの難しさに触れて）

数々の記録を塗り替えたイチローでさえ、まだまだ「バッティングは難しい」と感じている。だから、もっとわかろうとして、工夫とチャレンジをやめない。

テーマを深く突き詰めれば突き詰めるほど、壁が現れてくる。残念ながら、ちょっとした壁に阻まれただけで、その壁を越えることをあきらめてしまう人間が圧倒的に多い。あるいは、小さな目標を達成しただけでそこで満足し、次の挑戦を放棄してしまう。つまり、限界の閾値《いきち》が低いのである。両者の差は何かと言えば、それはもともと備わっていた能力にあったのではない。挑戦を継続できるかどうかという気持ちの差だ。

イチローのような一握りの一流アスリートは、さまざまな試行錯誤を繰り返しながら、壁を突破することに挑戦し続けることができる。結果、その壁を突破し、さらなる高みを目指すことができる。

私はイチローをはじめとする一握りのトップアスリートを「オーバーアチーバー（異常に達成意欲が強い人間）」と定義している。なぜ彼らは異常に達成意欲が強いのか？　それは、「自分の限界に挑む」というテーマを全人生を通して貫いているからなのだ。

## §〝壁〟を喜べ

仕事を〝深掘り〟することで見えてくること

人間という動物は、
変な知恵があるから
いろんなものを生み出す代わりに、
自分たちの可能性を縮めているように見える。

（雑誌のインタビューで人間の知恵の及ぼす悪影響に触れて）

転職ブームである。マス・メディアがよりよい仕事への転職の魅力を、これでもか、これでもかとばかりに煽り立てる。

確かにいまの仕事に不満を持っている人たちにとって、転職という言葉は輝いて見える。実際、転職がうまくいって収入も満足感も高まり、幸福になる人もいるだろう。しかし、そんなケースは驚くほど少ない。そもそも、自分の望みに合致する条件を提示してくれる会社を探すこと自体が至難の業なのだ。

それよりも、目の前の仕事の井戸を深く掘り進むことに快感を見出そう。転職はそれからでも遅くない。いままで嫌々やっていた同じ仕事でも、深く掘り進むうちに、まったく気づかなかった面白さを発見できるようになるものなのだ。

偉大な物理学者アルバート・アインシュタインの言葉を噛みしめよう。

「私は天才ではありません。ただ、人より長く一つのことに付き合ってきただけです」

目の前の仕事があることに感謝して、それを脇目も振らずに行う時間を積み重ねる。それこそ、ほかの誰にも置き換えのできないあなただけの〝技〟を身につける術《すべ》である。

## §〝深掘り〟して体得した技は本物

Ichiro's Data 1

## イチローの達成間近の記録

（2015年シーズン終了時点）

①**日米通算4257安打**（世界一）まであと「**44本**」（メジャー通算安打記録はピート・ローズの4256安打）

②**メジャー通算3000安打**まであと「**65本**」（史上30人目）

③**三塁打日本記録**（115本）まであと「**1本**」（日米通算114本＝NPB23本＋MLB91本。歴代1位は福本豊）

④**メジャー通算500盗塁**まであと「**2**」（史上38人目。通算498盗塁は現役最多）

⑤**日米通算700盗塁**まであと「**3**」（史上2人目。歴代1位は福本豊の1065）

※そのほか、日米通算1000四球まで「20」、メジャー通算600四球までは「4」、メジャー通算1000三振も「5」。メジャー通算単打は歴代9位の2390本で、8位のロッド・カルー（2404本）越え、7位のホーナス・ワグナー（2437本）越えが目前になっている。

第2章

# 準備の極意

## 結果は本番前に決まっている！

ハイレベルのスピードでプレイするために、ぼくは絶えず体と心の準備はしています。自分にとっていちばん大切なことは、試合前に完璧な準備をすることです。

（準備の大切さについて語った言葉）

完璧な準備をする――。仕事をするうえでイチローのこの心構えを私たちは見習う必要がある。イチローは、こうも語っている。

「準備は、打席に入る前に汗だくのTシャツを着替えるとか、スパイクに泥が詰まっていないかチェックするとかいうことです。精神状態は、多くのうちの準備のひとつに過ぎません」

なぜ、彼はヒットか凡打かで一喜一憂しないのか？　それは「これだけ完璧な準備をしたんだから、どんな結果に終わろうとも後悔しない」という覚悟があるからである。そこまで準備して初めて、「どんな結果でも後悔しない自分」になれる。

私たちは人生の運命を左右する大事な面接やプレゼン、そして大きな商談といった肝心の本番で目いっぱい頑張ろうとする。しかし、本番が始まる前に、すでに結果は決まっていると考えるべきなのだ。

いかにして本番までの準備を完璧にすることに命を懸けるか。そのことの大切さをイチローは私たちに教えてくれる。

## §仕事は準備がすべて

## 準備とは「言い訳を排除する」作業のこと

ようするに〝準備〟というのは、
言い訳の材料となり得るものを排除していく、
そのために考え得るすべてのことをこなしていく、
ということですね。

（「自分にとっての準備とは何か？」について語った言葉）

最近、メジャーリーグは〝40歳定年〟という不文律が成立するような気配がある。事実、40歳以上のメジャーリーガーは極端に少ない。もちろん、メジャー最年長野手は42歳のイチローである（２０１６年1月現在）。

とはいえ、イチローは、体形だけでなく身体能力も20代の頃とほとんど変わらない。また、試合前の準備も、40歳を超えても、寸分の狂いもなく続けている。

イチローの練習前のストレッチは、ほかのどの選手よりも丁寧に、しかも一つひとつの動きをどの選手よりも真剣に行う。もちろん、自分で確立した準備の方法もメジャーデビュー以来ほとんど変わらないという。イチローにとって準備は本番のゲームよりも大切なことかもしれない。

最近、ラグビーの五郎丸歩選手のルーティンが話題になっているが、自分が定めた決め事を淡々と行う準備の時間を持とう。それを習慣化させれば、条件反射のメカニズムが働いて、結果に左右されない強い精神力を養うことができるようになり、あなたは目の前の仕事で凄い成果を上げることができるようになる。

## §自分のルーティンを習慣化させる

1打席のために、朝から、
もっといえば、前の日のゲームが終わった時から、
僕は（準備を）やるわけですから、
その1打席の結果によってムードが変わるよね。
自分の中で。
そりゃあ、出なかった時は、整理ができないかなあ。

（肝心の本番のためにどれだけ準備しているかという思い入れに触れて）

いくら本番でベストを尽くそうと思っても、その前の周到な準備がなければよい結果は引き出せない。イチローにとっての最大の敵は相手チームの投手ではなく、完璧な準備を妨げる予想外の出来事なのかもしれない。

自分が納得できる準備をして本番に臨む。イチローほどこのことに強いこだわりを持っているアスリートを探し出すのは難しい。

もっと言えば、本番はイチローにとってそれほど重要なものではなく、脇役にすぎない。なぜなら、本番は、自らの意志でコントロールできない〝本能〟に仕事をさせていると言えなくもないからである。

ほんのコンマ何秒かの限られた時間で、毎回違うボールを絶妙なタイミングで〝本能〟で弾き返す。イチローが身につけた高度な技術は、気の遠くなるような時間を費やした鍛錬の末に勝ち取ったもの。そこには素質とか天賦の才能といった要素もかすんでしまう。

ゲームがある日、やるべき作業のすべては試合開始の時点ですでに完結している。だから、彼にとって準備こそ主役であり、すべてなのだ。

## §準備にもベストを尽くす

## 心と体を万全に整えるとは

できる限りの準備をしても、
次の1本が打てる保証がない。
だから野球は楽しい。

（日米通算4000安打を達成した時に語った言葉）

イチローがいかに「準備の鬼」であるか。それを物語るヤンキース時代のエピソードを紹介しよう。

先発を外れたある日、彼は2イニング目に室内練習場に来て打撃練習を始めた。通常、先発を外れた選手は、試合の前半戦はベンチで試合を観戦し、中盤以降に代打による出場機会を待ちながら打撃練習を開始する。

イチローはそんな慣習を破って、2イニング目からいい状態を作っていた。もちろん、いつ代打に起用されても、準備が間に合わないといった事態を避けるためだ。ここまで徹底しているから彼は偉大なのだ。

私たちは、スターティングメンバーのほうが代打よりもチームにとって重要な存在であると認識している。しかし、それは間違いだ。チームプレーの場合、仕事の重要性に違いはない。ただ役割が違うだけなのである。どの一つが欠けてもチームは成り立たない。たとえ出場機会が限られても、フル出場と同じように完璧な準備をして本番に臨む。私たちはこのことをいまのイチローから学ばなければならない。

## § 常に最高の自分を出せる準備をしておくのがプロ

## 仕事後のルーティンを疎かにしない

まず家に帰ります。妻が夕食を準備する間、自分のマシーンでトレーニングをすることで翌日に備えます。夕食を食べて、そこからまたマシーンでトレーニングします。そして、2時間マッサージを受けます。毎晩？ 毎晩です。

（自宅における行動について語った言葉）

試合を終えた後のイチローのルーティンは次のようなものだ。まずロッカーに戻って、すぐに愛用のスパイクを磨く。次にオイルを使いながらのグラブの手入れを入念に行う。「これが明日の始まりである」と考えて、日々同じ作業を繰り返す。

もちろん、これでその日のイチローの作業は終わらない。スタジアムを後にして帰宅後、食事までの間、自宅に備えてあるピラティス用のマシーンを使ってお決まりのメニューを行う。食事をとった後も、再びマシーンでトレーニングを行う。そしてその後の2時間のマッサージも日々欠かさない。このことに関して、イチローはこうも語っている。

「次の日の試合に向けて自分ができるすべての準備をしています。全部の打席でヒットを打ちたい。同じことをずっと、ずっと繰り返しています。これが僕の考えであり、僕のやり方です」（地元紙『Sun Sentinel』の取材に答えて）

これはあなたの仕事にも十分応用できる。退社後から翌朝まで、決め事を綿密に練り上げて、それを果敢に実行しよう。オフタイムは単なるリフレッシュの時間ではなく、次の日の準備のための時間であると考えられれば、あなたは一つ進化したことになる。

## §オフタイムの過ごし方を意識する

## イチローの年間安打数＆打率の推移

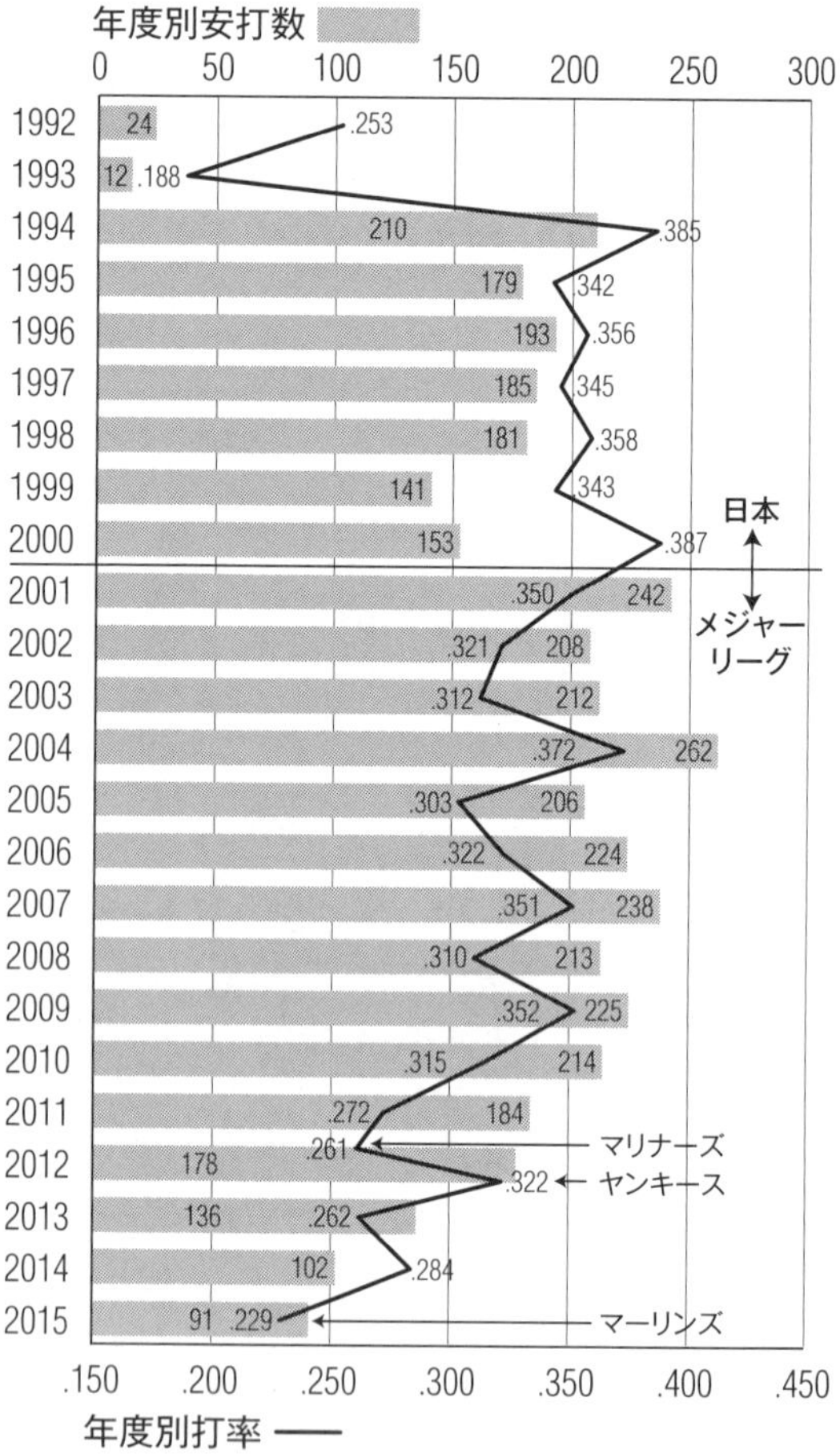

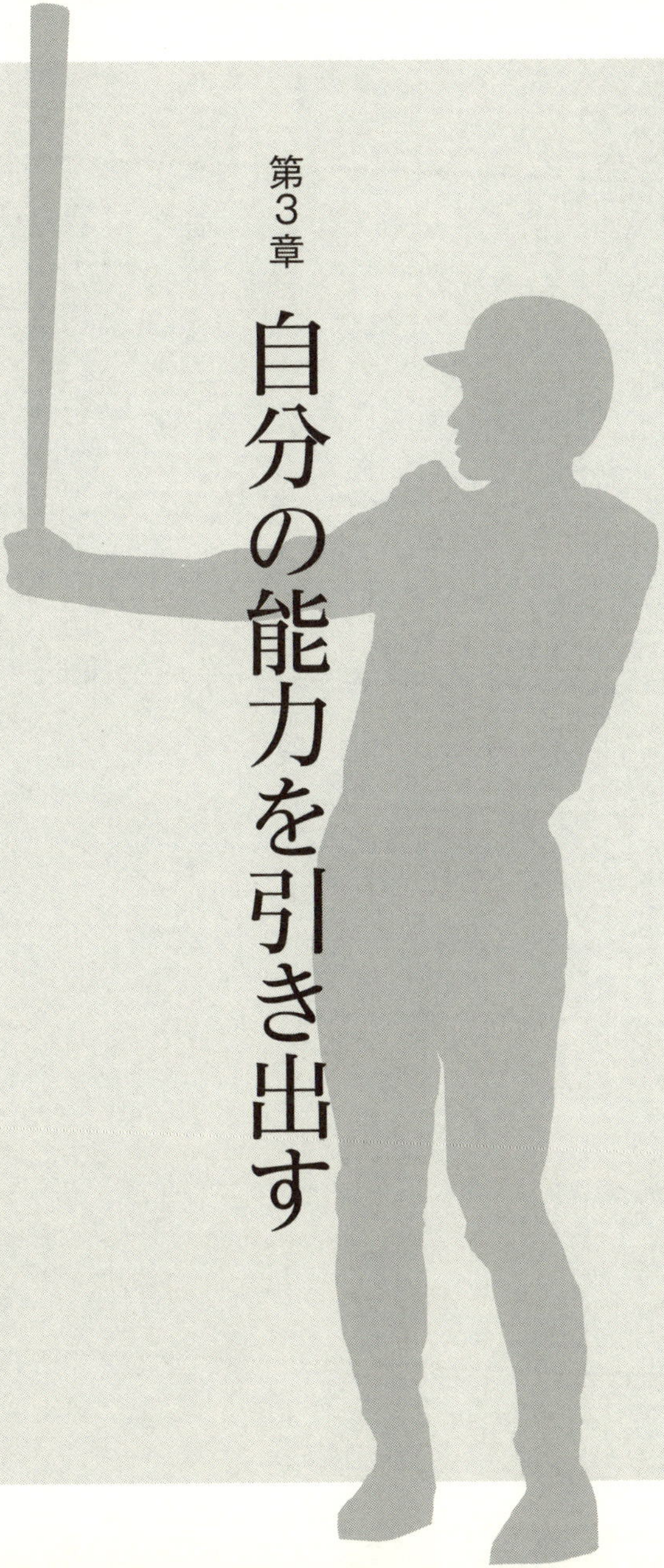

# 第3章
# 自分の能力を引き出す

〝自分の武器〟を磨くための時間

視力はよくないのですが、
動体視力になるといいです。
こういうことは、自分で能力を見つけないといけません。

（自らの武器を自分自身で見つけることの大切さに触れて）

私たちは日々の雑用に忙殺されて、自分の〝武器〟を磨くことに案外無頓着である。仕事に貢献してくれるあなたの最大の武器は何だろう。残念ながら、それは誰も教えてくれない。イチローのこの発言のように、自分の武器は自ら見つけるしかない。

いくら弱点を補強しても、それは武器にはならない。あるいは、たとえ自分の武器がわかったとしても、それがあなたの仕事に貢献できなければ武器とは言えない。

私の大好きな話がある。二人の木こりが丸太を切るレースに挑んだ。二人の木を切る能力は同じ。与えられた時間は1時間。彼らには同じ丸太と同じ性能の鋸《のこぎり》が与えられた。

木こりAはスタートと同時に一心不乱に丸太を切り始めた。そして1時間で4本の木を切った。木こりBは最初の15分間、木を切ることをしないで別の作業に没頭した。15分後、おもむろに丸太を切り始め、なんと制限時間内で8本の丸太を切ることに成功した。それでは木こりBは最初の15分間に何をしていたのか。彼は鋸の刃を研いでいたのである。

自らの武器を自分自身で見つけて徹底的に磨きをかけるための時間を惜しんではならない。自らの武器を持たない戦いこそ、無謀そのものなのである。

## §そのための時間を必ず確保する

## 継続は才能を上回る

いままで自分がやってきたことを、
しっかり継続することが、
イチローという選手の能力を引き出すためには、
はずせないことです。

（自分の仕事観について語った言葉）

イチローのプロアスリートとしてのキャリアを簡単に整理してみよう。日本のプロ野球、メジャーリーグを通じての1992年から2015年までの24年間で、1万2981打数4213安打、通算打率3割2分5厘。

文句のつけようがない輝かしい数字である。そして、その間にシーズン262安打（2004年）、10年連続200安打（2001〜2010年）という数々の金字塔を次々に打ち立てた。

これこそイチローの「継続性」の成果と言える。テーマを一つに絞り込んで、目の前の作業を最高のものにするために作業を継続する。継続性こそ、他者に差をつけて勝者の仲間入りを可能にしてくれる切り札となる。

私事ながら、拙著の数も過去20年間に160冊を超え、700回以上の講演講師を務めてきた。すべてイチローの継続性に触発された結果である。ひたすら同じテーマで黙々と作業を積み重ねる。継続性の威力がヒットの量産を可能にし、仕事の質そのものを高めてくれるのだ。

## §「続けられる」ことこそが才能

## 「妥協したくなる自分」との向き合い方

妥協はたくさんしてきたし、
自分に負けたことはいっぱいあります。（中略）
ただ、野球に関してはそれがないというだけで、
野球以外のことは、もう、
妥協のほうが多いだけです。

（普段から仕事で心がけていることに触れて）

妥協は趣味の世界では許される。たとえば、自分にはフルマラソンは無理だからハーフマラソンで十分と妥協する。そこで満足や達成感を得られるならなんら問題はない。

しかし、仕事においては、徹底して妥協という誘惑と対峙しなければならない。一時《いっとき》、「ま、いいか」という言葉が流行ったことがある。一流の仕事人は、決してこの言葉を発することはない。

妥協が努力することを遠ざけ、目標を達成した後のさらなる高い目標への挑戦を阻んでしまう。このことに関して、ドイツのマックス・プランク研究所のK・アンダース・エリクソン博士は、自らの論文でこう記している。

「達人と素人の違いは特定の専門分野で一生上達するために、考え抜いた努力をどれだけ行ったのかの違いなのである」（『究極の鍛錬』）

ある程度のところで「これで当初の目的を達成できた」と考えて、それ以降の努力をやめてしまう〝素人〟と、「ここからが努力のしどころ」と考えて、一切の妥協を排除してさらなる努力を積み重ねる〝達人〟の思考パターンの違いが、両者を大きく隔てている。

## §「ま、いいか」から「ここからが努力のしどころ」発想に

## “天才”が持っている弱点

天才は、なぜヒットを打てたか説明できない。
ぼくは、きちんと説明できる。
だから天才じゃない。

（天才の定義について語った言葉）

イチローの天才の定義を私なりに解釈すると、「努力することもなく、周囲の人間をビックリさせるようなことをやってのける人間」となる。一方、自分は血の滲《にじ》むような鍛錬の裏付けがあって初めてヒットを説明できるから天才ではない、と彼は言いたいのだ。

確かに天賦の才能というものは存在する。特に陸上競技においては、生まれ持った筋肉の組成によって長距離に向いているか、短距離の適性があるかが決定される。だから適性のある競技を選択すれば、それ相応のアスリートにはなれるかもしれない。

しかし、持って生まれた才能だけでは、到底一流にはなれない。事実、才能に恵まれながら、知らないうちにスポーツ界の表舞台から消えていったアスリートは枚挙に暇《いとま》がない。

これは仕事においてもまったく同じである。たとえば何事につけ器用にこなせる人間がいる。彼らはそれほど努力しなくても簡単にいろんなことをマスターできる。

では、そんな人間が実際に仕事ができるかというと、実は逆であることのほうが多い。むしろ不器用な人間のほうが努力を持続できるので、結果、仕事のスキルも上がっていく。器用貧乏になり下がってはいけない。むしろ、不器用に生まれたことに感謝すべきなのだ。

## §不器用を逆利用せよ

## 40歳から成長できる人間とは？

40歳を越えれば人間、
黙っていても成長するということはなくなりますが、
僕の周りには僕が発展途上になり得る
ツールがいろいろとあります。

（本拠地マーリンズ・パークに専用トレーニングマシーンを導入したことに触れて）

いくつになっても、イチローの自分の能力を極めたいという飽くなき情熱は衰えることを知らない。ビジネスの世界でも、絶えず成長が求められる。年齢は言い訳にならない。そのためには、時には辛い鍛錬も必要になるだろう。

パフォーマンス研究の第一人者K・アンダース・エリクソン博士は、「究極の鍛錬は本質的には楽しくない」と述べている。もし鍛錬が楽しいものなら、イチローのような卓越したアスリートがもっとたくさん生まれてくるはずだが、現実はそうでない。

鍛錬を積み重ねることは辛い。しかし、それなくしてのブレイクスルーが見当たらないなら、鍛錬を続けるしかない。

ところが、多くの人は成長への欲求が希薄だから、辛い鍛錬を積み重ねることを回避してしまう。一方、イチローのような一流のアスリートは、究極まで自分の能力を追い求めたいという強烈な欲求があるから、辛い鍛錬を厭《いと》わない。

厳しい精進の先にある、誰にも真似のできない凄い能力を獲得するという欲求を精いっぱい膨らまそう。その鍛錬の積み重ねが、あなたをワンランク上に引き上げてくれる。

## §表面的な楽しさに流されない

## 仕事の「何を」追い求めて働くべきか？

ポテンシャルだけでやってきた39歳と、
いろいろなものを積み重ねて、
さまざまなことを考えてそこまできた39歳とを
一緒にしないでほしい。

（2012年12月にヤンキースとの契約更新をした時に年齢について訊かれて）

そこそこのレベルでいいなら、潜在能力、つまり、自らのポテンシャルだけに頼るのもいいだろう。しかし、さらなる上を目指す努力に持続性を求めるならそれだけではダメで、新たなモチベーション（やる気）を自らに付与していくことが不可欠となる。

モチベーションの要因となる「モチベーター」は、内発的モチベーターと外発的モチベーターに分類できる。イチローが自らの凡打の原因を探る時の探究心は、典型的な内発的モチベーター。一方、外発的モチベーターの代表例は金銭や肩書だ。

アメリカの著名な心理学者E・L・デシは、実験を通して「報酬や罰が動機になって何かをするよりも、行動そのものが動機であるほうが、やりたいという気持ちが強く、しかも長続きする」という事実を導き出した。

つまり、お金は人間を「働かせること」はできるが、自発的に「働きたいと思わせる」ことはできない。外発的モチベーターの限界がここにある。一方、内発的モチベーターは、自然発生的、かつ自発的な行為であり、強烈、かつ持続性がある点でも優れている。

典型的な内発的モチベーターである探究心こそ、イチローのような一流の仕事人が備えている資質の一つなのである。

## §自分の中から湧き出すものを探し出せ

## うまくいかない仕事を面白がる秘訣

「これでいい」と思っていたものが、「いい」と思えなくなってくる。それで、今度は「もっと、いい」ものをまた探し求めなくてはならない。

この繰り返しなんですよね。

でも、探し求めるということが面白い。

これが、野球を続けられるモチベーションなんですよね。


（野球を続けられる理由について語った言葉）

前の項でも述べたように、探求心を絶やさなかったから現在のイチローがある。イチローのような「オーバーアチーバー」たちに共通して備わっているのが、「もっといいものを探し求めたい」という強烈な欲求である。

彼らは異常に達成意欲が強いのである。

ところが、普通のアスリートは、目先のことがうまくいくことだけを考えて行動を起こす。しかし、この姿勢では、立て続けに失敗を繰り返すと、とたんにモチベーションが落ちてしまい、行動を起こすこと自体をやめてしまう。

しかし、一握りのオーバーアチーバーたちは、行動を起こす前からうまくいくことよりも圧倒的にうまくいかないことのほうが多いと、あらかじめ覚悟している。もっと言えば、「失敗しても、ただでは終わらせない」と考えられるから、貪欲に失敗の中に飛躍のヒントを見出して夢に着実に近づいていけるのだ。

安易な目標達成は時として人を妥協に追い込み、進歩することをやめさせてしまう。たとえ一つの目標を達成しても、「もっと、いい」ものを求めて邁進《まいしん》しよう。

## § 失敗してもただでは終わらせない

## イチローの主なタイトルと表彰（日本のプロ野球）

| | |
|---|---|
| 最優秀選手 | 1994、1995、1996 |
| 首位打者 | 1994、1995、1996、1997、1998、1999、2000 |
| 打点王 | 1995 |
| 盗塁王 | 1995 |
| 最多安打 | 1994、1995、1996、1997、1998 |
| 最高出塁率 | 1994、1995、1996、1999、2000 |
| ベストナイン | 1994、1995、1996、1997、1998、1999、2000 |
| ゴールデングラブ賞 | 1994、1995、1996、1997、1998、1999、2000 |
| 正力松太郎賞 | 1994、1995、2004（特別賞） |

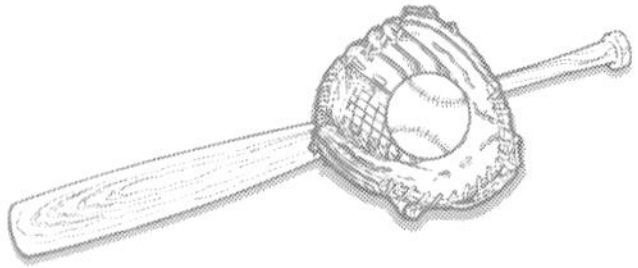

第4章

# モチベーションの高め方

## 前を向いて進んでいく人の決断基準

ぼくに誇れるものがあるとすれば、
むずかしい局面になった時には、
かならず、自分で決めてきたこと。

（2012年シーズン後にヤンキースと契約更新したことに触れて）

自分を人生の主人公と感じ、自らの持論に従って行動する持論系モチベーターは、ただ漠然と「プロ野球選手になりたい」といった希望系モチベーターよりもはるかに強力である。自分の考えに基づいて決断すれば、うまくいこうがいくまいが、自分を納得させることができる。だから、めげずに前を向いて進んでいける。

一方、他人のアドバイスに流されて失敗した時には深刻な後悔が心を覆い、それが消え去るのには時間がかかる。たとえうまくいっても、満足感はあまり得られない。

数々の賞を受賞している映画監督マーティン・スコセッシの映画にこんなセリフがある。「やり方は三つしかない。正しいやり方。間違ったやり方。俺のやり方だ」

イチローだけでなく、本田圭佑、ダルビッシュ有といった日本を代表するアスリートは、たとえ相手が先輩でも監督でも納得しないことには反論する。彼らは持論を掲げ、「俺のやり方」で人生を切り拓いてきた。

人生の総合プロデューサーは自分自身。しかもやり直しは利かない。自分の頭で考えて最終決断は自分で下す。このことを貫ける人間だけが真の満足を手にすることができる。

## §最終決断は自分で下す

## 近道を求めるほど成果は遠のく

近道はもちろんしたいです。
簡単にできたら楽なんですけど、でもそんなことは、
一流になるためにはもちろん不可能なことですよね。
一番の近道は、遠回りをすることだっていう考えを、
いまは心に持ってやってるんです。

（普段心がけていることに触れて）

遠回りをすれば、その分、余計に時間がかかる。おまけに退屈な作業を余儀なくされることも覚悟しなくてはならないだろう。それでもイチローのようなトップアスリートが遠回りを厭わないのは、達成動機が並外れているからだ。

達成動機に関して、著名な心理学者ヘンリー・マレーはこのように定義している。

「むずかしいことを成し遂げること、自然物、人間、思想に精通し、それらを処理し、組織化すること、これをできるだけ速やかに、できるだけ独力でやること、障害を克服し高い標準に達すること、自己を超克すること、他人と競争し他人をしのぐこと、才能をうまく使って自尊心を高めること」

この定義は1938年の彼の論文に記されたものだが、いまだに古びていないし、相変わらずあらゆる分野で通用する成功方程式である。結果に一喜一憂するのではなく、自分が定めたことを毅然とした態度でやり遂げる。

近道ばかり考える人間に、10年連続200安打のような前人未到の偉業が達成できるはずもない。達成動機のパワーは決して侮れないのだ。

## §手っ取り早い成功を求めない

## 「完璧な自分」の追い求め方

バッティングは永遠に終わらない。
答えなんかでないのがバッティングですから、
そこにとどまっていたら、
終わってしまいます。

（バッティングの難しさについて語った言葉）

チャンピオンとは、成長欲求が異常に強烈な一握りの集団のことを言う。彼らはとてつもなく成長に敏感であり、そのことを実現するためには自分の人生のすべてを犠牲にしようとする。その飽くなき永続的に続く成長欲求が、彼らに凄い才能を与えているのだ。

イチローにとっての完璧なバッターとは、1本の打ち損じもない打率10割のバッターである。彼とてそこにたどり着くことは不可能である。しかし、そこに少しでも近づくことならできる。それが彼にとっての野球にのめり込むエネルギーの源泉になっている。

あなたの仕事にとっての「完璧な自分」とは何だろう。営業で常に全社ナンバーワンの地位を保持する、組織を根本的に変えるような斬新な企画を次々に生み出す、組織に莫大な利益を与える新商品を開発する。このようなミッションを打ち立てることができれば、あなたは完璧な自分に近づく努力を自発的に続けることができるようになる。

実現すればワクワクするような自分像にいますぐ書き換えよう。そして壮大な志を抱いて、イチローのように自分が定めた完璧な自分に少しでも近づく努力を積み重ねよう。それがあなたに凄い仕事をさせてくれる。

## §ワクワクする自分像を常にイメージせよ

## 自分の「どこに」期待するか？

おそらく誰よりも僕が期待している。

（２０００年11月19日、マリナーズと契約を結んだ時に語った言葉）

「期待欲求」がイチローに凄い仕事をさせていることは間違いない。モチベーションを論じるうえで、期待欲求は避けて通れないテーマである。

「なぜ、あなたは仕事で頑張れるのか？」という問いに対して、多くの人はこう答えるだろう。「やったらやっただけ見返りが期待できるから」。

仕事に打ち込んだことにより、どのようなものを期待するのかは人それぞれ違う。しかし、そこに何らかの期待が介在しなければ、仕事に取り組むモチベーションが上がらないのは、古今東西あらゆる人間にとっての厳然たる事実である。

これはあくまでも私の推測にすぎないが、イチローは、まだ自分に期待できる部分が残っていることを確信しているから、いまも必死になってバッティング技術を極めようとしているのだろう。

あなたの仕事の中に存在する、これからも期待できるイチローのバッティング技術にあたる要素は何だろうか。そのことについて真剣に考えてみよう。それだけでなく、その期待を現実に変える具体的な行動を起こすことがあなたにいま求められている。

## §自分への期待を膨らませる

## よくない結果が出た時は、こう解釈する

野球を真剣に続けていけば、
もっと先には、
ちがう自分があらわれるのではないかという期待が、
つねにあります。

（２００５年シーズン後に野球への思い入れについて語った言葉）

イチローは、よくない結果が出ても、その時の運や自分の生まれ持った素質のせいにはしない。だからこそ、この言葉にあるように、真剣に野球を続けていけば、より成長した自分に出会えると自信を持って言えるのだ。

ある現象が起きた時、その要因をどう解釈するかによって、それ以降の事の成り行きが大きく左右される。このことに関して、アメリカの教育心理学者B・ワイナーは「原因帰属理論」を打ち立てた。彼はその要因を内的・外的と、固定的・変動的に分類した。

詳細は省くが、ワイナーは物事がうまくいこうがいくまいが、それを外的かつ変動的要因である「運」や、内的固定的要因である「素質」のせいにしてはいけないと主張した。そうではなく、「努力」(内的変動的要因)と「課題の難易度」(外的固定的要因)のせいにすべきだ、というのだ。

事がうまく運べば「最適な課題を設定して努力したからうまくいった」と考えればよい。逆に、事がうまく運ばなかった時には、「努力が足りなかった」とか「課題が難しすぎた」と解釈する。このように結果の解釈次第で、それ以降のことはうまく運ぶようになる。

## §「能力」ではなく「やり方」の問題ととらえる

## 「本気」をどこまでも維持できる秘密

「達成できないのではないか？」という逆風は、最高です。
「がんばれ、がんばれ」というより、ぼくは、
「できないでいてくれ」という人がいるほうが熱くなる。

（2004年のシーズン262安打達成前の逆風について語った言葉）

ほとんどすべてのものを手に入れたはずのイチローが、いまなおモチベーションを上げて仕事に全力を尽くせるのはなぜか。それは、右の言葉にあるように、彼がいまも達成できない事実をやりがいにしているからだろう。

いくら努力しても達成できない壁が目の前に現れた時、多くの人間が達成不可能と考えて簡単にあきらめてしまう。しかし、なし得ないということからくる未達成感こそ、強い動機付けを生み出す要素となる。〝仕事の飢え〟という欲がそうさせていると言えなくもない。イチローほど自分の仕事の満たされない部分にことさら敏感な人間は、それほど多くない。

ドイツのゲシュタルト心理学者クルト・レヴィンが唱えた「ツァイガルニク効果」という心理法則がある。これは「人間は達成した課題よりも未達の課題のほうを強力に記憶している」というものだ。つまり、現状と要求水準のズレが、私たちに新たな努力をさせてくれる行動力を生み出すのである。イチローがいつも本気なのは、この心理法則で説明がつくのではないだろうか。

## § 理想と現状のズレをしっかり認識する

## 一時の感情に左右されない力の源泉

いつも一生懸命プレーしようとしていますが、
今日は結果が出ませんでした。
そのことを悔やんでもいないし、
恥ずかしいとも思っていません。
なぜなら全力を尽くしたからです。

（全力を尽くすことの大切さに触れて）

多くのアスリートは結果に一喜一憂して、うまくいかなかった時には後悔を繰り返す。しかし、結果は後からついてくるものであって、一人のアスリートが思うようにコントロールできるものではない。特に野球のような対戦形式のゲームでは、必ず相手がいるから、手抜きをしても、相手が弱かったり、不調だったら簡単に勝てる。一方、こちらが120％の力を出しても、相手が強ければ負けてしまう。だから、結果に過剰反応するのはマイナスにこそなれ、プラスにはならない。

結果に強く反応する行為は外発的モチベーターの典型例。これにばかりこだわっていては、いつまで経っても真の満足感は得られない。それよりも、自分の行動に意識の照準を定めて、全力を尽くすことに徹底的にこだわろう。

「全力を尽くす」という意識は、結果を葬り去って目の前の作業に没頭することを言う。そうすれば、感情に左右されずに、きわめて安定した思考パターンを維持できる。具体的な行動の結果がどんな形に終わろうとも、後悔しないためには、全力を尽くすという意識を貫くことがとても大切なのである。

## §後悔できないくらい全力を尽くす

## 仕事における〝最大の報酬〟とは何か？

個人的にはできたことがいっぱいあるし、あれをやっておけばよかったっていうことは、一つもないです。

（2015年シーズンを振り返って語った言葉）

イチローの2015年シーズンの成績は、153試合に出場して91安打、打率2割2分9厘。過去の成績に比べると、確かに見劣りする数字ではある。しかし、彼のこの言葉からは、「精いっぱい普段通りのやるべきことをしたから、自分はまったく後悔していない」という考えが読み取れる。

私たちにとって、富、名声、権力を追求するという外発的なモチベーターは、即効性のある強烈なものであり、当然あっていい。しかし、それが最強のものであってはならない。なぜなら、それを獲得した時、瞬間的にモチベーションは上がるが、時間の経過とともにそれは色褪《あ》せていく。つまり、獲得した時から、どんどん効き目が失せていくのだ。

イチローが不調のシーズンを終えても、

「あれをやっておけばよかったっていうことは、一つもない」

と言い切れるのは、彼が徹底して内発的モチベーターに従っているからである。もっと言えば、仕事そのものが〝動機〟なのだ。仕事をしている目の前の行為にのめり込むこと自体が最高の報酬になった時、私たちは凄い成果を上げられるようになる。

## §結果よりも動機を重視する

〝自分へのご褒美〟がやる気を阻害する

結果が出ていないことについて
盛り上がってくれることは、
ぼくにとっては、
プラスでしかありません。

（2008年3月に不調の際の心構えについて語った言葉）

イチローは徹底したプロセス志向を貫いている。だから、結果が出たか出ないかで自分の行動を評価しない。そもそも、多くの人々が当然のように思っている「ヒットは良くて、凡打は良くない」という考え方に、彼は同意しない。

モチベーションに関して、アメリカの心理学者M・レッパーは、興味ある実験を行っている。まず保育園児を三つのグループに分けた。そして、①お絵描きをしたらご褒美をあげると指示した後、お絵描きをさせたグループ、②最初何も指示せずにお絵描きをさせて、後からご褒美をあげたグループ、③何の指示もなくお絵描きをさせたグループ、である。

実験を始めて数週間後、②と③のグループは自発的にお絵描きを行ったが、①のグループだけは自発的にお絵描きをする園児の数は少なかった。

この実験から、ご褒美という外発的モチベーターは、私たちが潜在的に保持している内発的モチベーターを阻害することが判明したのである。結果を出せば、周りは褒めてくれるだろう。しかし、それが後の自分に決してプラスに作用しないという事実を、何度も結果を出したイチローほど熟知している人間はそれほど多くない。

## §周囲の評価に流されない

## 「数字」を追いかけるだけでは高まらないもの

これまで、いろんな数字を残してきて、これから先のモチベーションを保てるのかといろんな人に訊かれるんですけど、僕はそこについてはまったく心配していません。なぜならこれまで僕は野球選手として、何かをやったという達成感が残っていないからです。

（2007年シーズンを終えた後に語った言葉）

イチローの辞書には「やり遂げた」という言葉は存在しない。そこで、次の数字を見てほしい。イチローにとって、シーズン最多安打のメジャー記録を塗り替えた２００４年がクローズアップされるが、右の言葉を発した２００７年の成績もなかなかのものだった。

シーズン歴代最多安打（２６２本、打率３割７分２厘）を放った２００４年の反動で、05年（２０６安打、３割３厘）と06年（２２４安打、３割２分２厘）はやや物足りないシーズンだった。しかし２００７年のイチローはリーグ１位の２３８安打を放ち、打率は３割５分１厘を記録。それにもかかわらず、彼には達成感が残っていないという。

普通なら、いい数字を出せれば、そこでモチベーションは急速に萎《な》える。しかし、イチローは違う。どんな好成績を上げようと、それがモチベーションを下げる要因にはならなかった。なぜなら、彼の意識は、常に完璧さへの挑戦の途上にあるからである。

達成感を感じることは大事だが、そこに安住していては成長は止まってしまう。達成感に酔うのは達成した日だけにとどめておこう。翌日には気持ちをリフレッシュさせ、新たなゴールを設定してモチベーションを上げて努力を積み重ねよう。

## §ゴールを常に更新する

## 自分は「どんな時に」頑張れるか？

力を出しきることは難しいですよ。
苦しくて、苦しくて、倒れそうになります。
でも、それをやめてしまったら終わりです。
プロの資格はなくなりますね。

（物事がうまくいかない時の心構えについて語った言葉）

私たちは放っておくと、どんどん楽なほうに流れてしまう。そんな時、周りでこと細かく注意してくれる人でもいればいいのだが、あなたが思っているほど、他人はあなたのことを考えていない。みんな自分のことで精いっぱいなのだ。結局、自分自身を厳しく律して、やらなければならないことをきっちりやる以外に、一流への道は存在しない。

モチベーション理論には、「ワールドセオリー」と「セルフセオリー」という分類法がある。ワールドセオリーとは、一般的に教科書に書かれている多くの人々に適用できるモチベーション理論のことを言う。

一方、セルフセオリーは、人それぞれが保有している特別なモチベーション理論を言う。イチローのモチベーションを支配しているのは、間違いなくセルフセオリーである。自ら導き出したモチベーションを高める具体策を何よりも優先させ、これまで貫いてきたから、イチローは偉大なメジャーリーガーになり得たのである。

時々胸に手を当てて、「自分はどんな時に頑張れるか？」について深く考えてみよう。そこに、あなたが飛躍して一流の仕事人になるセルフセオリーのヒントが潜んでいる。

## §自分自身に問いかける習慣を

「困難な目標」には取り組み方がある

むずかしいことに自分から
立ち向かっていく姿勢があれば、
野球はうまくなるし、
人間として強くなっていきます。

（２０１２年に恒例の少年野球大会で少年たちに向かって語った言葉）

イチローを見ていて清々《すがすが》しいのは、普通の人間が「これはまったく不可能！」と思える目標に果敢にチャレンジしていく姿勢だ。「むずかしいことに自分から立ち向かう」というのは、言葉にするのは簡単だが、それを実際に行動に移し、さらにそれを実現させるとなると、とても困難であると言わざるを得ない。

ところが、イチローはそれを自らに課している。もっと言えば、困難を克服することを仕事のやりがいにしているのだ。

ハーバード大学の著名な心理学者デビッド・マクルランド博士は、達成動機の強い人間の共通点を三つ挙げている。①達成の卓越した基準を設定し、それに挑む、②自分なりの独自のやり方で達成しようとする、③長期間かかるような達成に取り組み、その達成を期待する、というものだ。

すでにおわかりのように、イチローには、この三つがすべて備わっている。まず、ほかの人間なら「とても実現不可能！」と思えるような困難な目標に果敢に挑戦する〝勇気〟を持つこと。そうすれば、突然あなたにブレイクスルーが訪れる。

## §三つの達成動機を意識する

## イチローの主なタイトルと表彰（メジャーリーグ）

| | |
|---|---|
| 新人王 | 2001 |
| 最優秀選手 | 2001 |
| 首位打者 | 2001、2004 |
| 盗塁王 | 2001 |
| 最多安打 | 2001、2004、2006、2007、2008、2009、2010 |
| シルバースラッガー賞 | 2001、2007、2009 |
| ゴールドグラブ賞 | 2001、2002、2003、2004、2005、2006、2007、2008、2009、2010 |

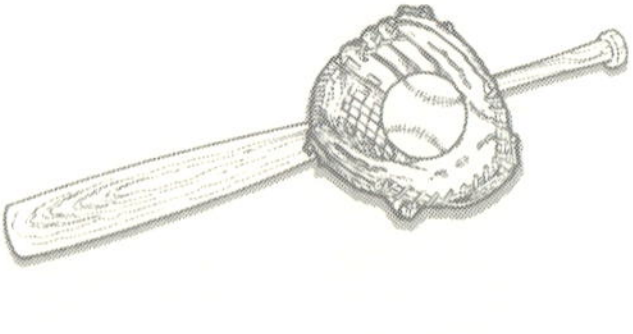

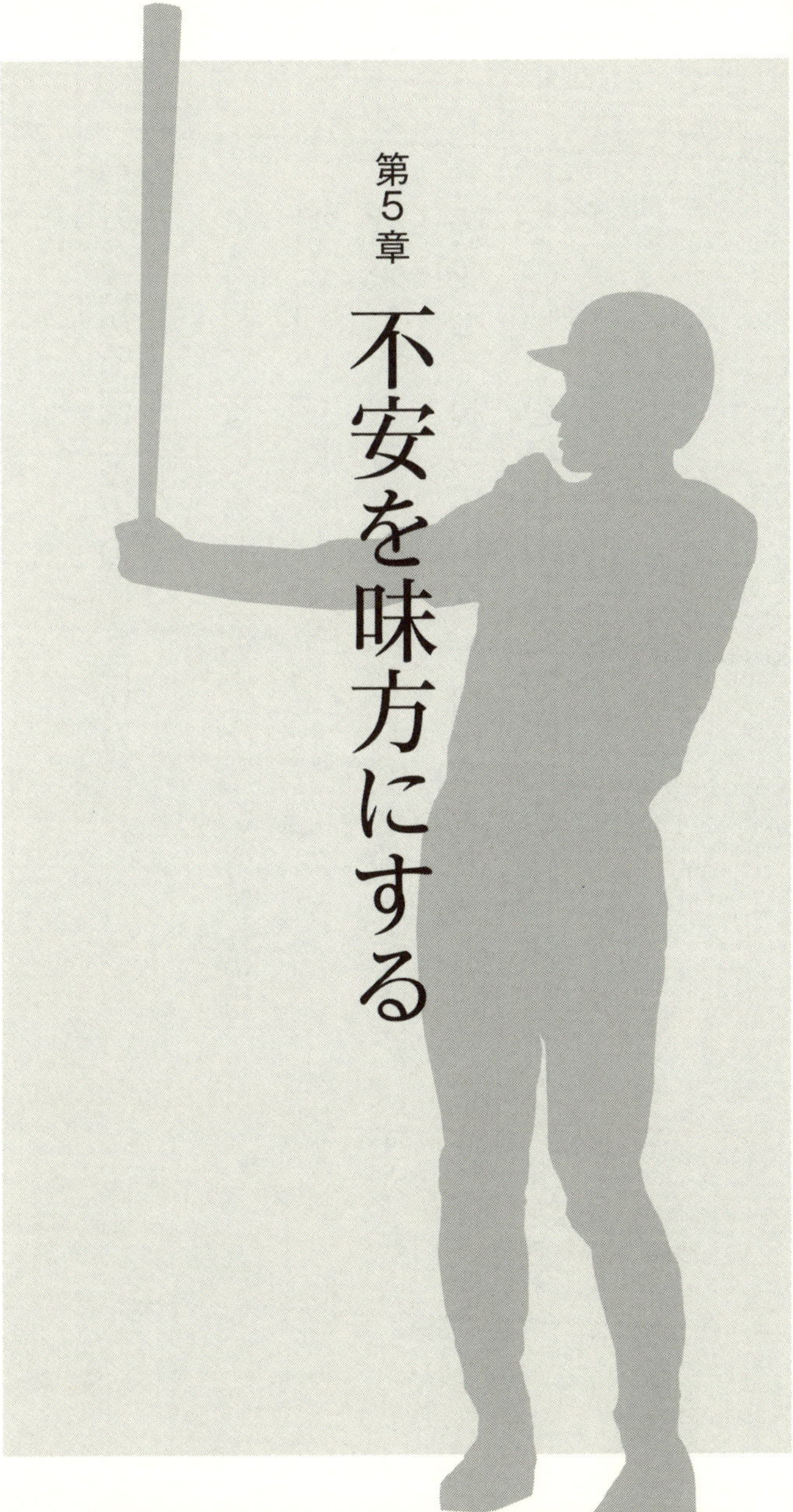

# 第5章

# 不安を味方にする

## 自分を高める「不安」との向き合い方

もう打てないんじゃないかという恐怖は、
常について回るんです。
結果を残してきた人ほど不安と戦ってきたはずだし、
恐怖心を持っていない人は本物じゃない。
その怖さを打ち消したいがために、練習するわけです。

（自分が練習する意味について語った言葉）

私はプロスポーツ選手のメンタルカウンセラーを務めているが、不安を悪者扱いして、それをできるだけ遠ざけようとするアスリートは少なくない。しかし、その態度は明らかに間違っている。もっと上の自分と出会うためには、イチローのように、不安とはしっかり向き合うこと。そこから逃げてはいけない。

たとえば、英単語を10分かけて完璧に暗記しても時間が経つと忘れるかもしれないから、「もう10分間、念入りに復習しておこう」と考えて、ダメ押しの努力ができるタイプの人がいる。この心構えを心理学用語で「オーバーラーニング」と言う。もちろん、イチローはこのタイプの人間であることは言うまでもない。

これは、不安と向き合える人だけが得られる一種の才能と言ってよい。「このままだと次の機会に失敗するかもしれないから、念には念を入れておこう」と考えて努力を積み重ねることができる。

不安から逃げるのではなく、もっと不安を抱え込もう。不安を抱くことこそ、ダメ押しの努力を可能にさせてくれる大きな要素である。

## §不安はあえて抱え込む

## 〝壁〟にぶつかった時こそチャンス

一番不幸なことというのは、
何もつかめないことなのか、
それともすべてをつかめることなのか、
どちらなのかを考えると、
僕はすべてをつかめてしまうことの方が
不幸だと思っています。

（「なぜ壁があっても楽しめるのか？」という質問に答えて）

イチローは、すべてつかんでしまうことは一番不幸なことだと言う。むしろ、何もつかめないほうがいいのだと。

この考えを私なりに解釈すれば、何をやってもうまくいかない時よりも、最高の成果を得た時のほうが不幸ということになる。

「やった！」と叫びたくなるほどの成果を得た時は放っておけばよい。なぜなら、そこから得るものは何もないからである。強いて言えば、自信がつくくらいだろう。

一方、何をやってもうまくいかない時こそ、あなたが進化するチャンスである。平常心を維持してその原因を深く探ろう。その時、あなたの脳は高いレベルで思考を巡らせている。「これだ！」という解決策はこういう時に訪れるものなのだ。

悪戦苦闘の末にうまくいった時の感動は何ものにも代え難い。そんな自分を褒め、自信を深めよう。努力を積み重ねてもなかなか会得できないものこそ本物なのである。

たとえうまくいかなくても、壁があることに感謝して、地道に努力を積み重ねよう。その心構えこそ、大きな壁を乗り越えさせてくれる切り札となる。

## §「悩む」のではなく「考える」

## プレッシャーには弱くていい

200本を打つ直前、180本から190本目を打つあたりが一番、苦しかったですね。体が自由に動かないんですよ。プレッシャーで動きがおかしくなって、結果が出なくなる。(中略)

それくらい追い込まれてしまうんですよ。

(2006年のシーズンを終えてプレッシャーについて語った言葉)

２００６年のシーズン、イチローは２２４安打の成績を残し、６年連続２００安打という記録を成し遂げた。そのイチローが「体が自由に動かない」と言うほどのプレッシャーとは、まさに私たちの想像を絶する修羅場だったのだろう。

プレッシャーの真っ只中でヒットを積み上げていったイチローの強靱なメンタルが、彼を一流のメジャーリーガーに育てたと私は考えている。

それは、最近のアスリートたちがよく口にする「ゲームを楽しんできます！」というメンタルとはまったく次元を異にするもの。「楽しむ」という感覚で本番に臨むようでは、本当の修羅場で優れたパフォーマンスを発揮することなんて到底できない。

一流の仕事人は修羅場をくぐることを快感にする。一方、普通の仕事人は修羅場が目の前に現れると、とにかくそこから逃げようとする。

進んでプレッシャーのかかる仕事を抱え込もう。プレッシャーを抱えて悪戦苦闘すればするほど、その見返りは大きくなる。プレッシャーが半端ではない修羅場をくぐることを楽しめるようになって、人間は一人前なのである。

## §強いメンタルはプレッシャーの中で育つ

## プレッシャーを取り除く「簡単な」方法

注目されることを苦しいなんて思わない。
だって、注目されないと選手として終わってしまう。
プレッシャーを取り除く方法？　簡単です。
ヒットを打たなきゃいいんですよ。

（プレッシャーを抱えることについての持論に触れて）

2009年3月に行われた第2回WBC（ワールド・ベースボール・クラシック）決勝の対韓国戦での3対3の同点で迎えた延長10回表。イチローにとって、この時ほどプレッシャーのかかった打席はなかったのではないか。彼は二死二、三塁の場面で打席に立つ。そして散々ファウルで粘った末、林昌勇《イムチャンヨン》の投げた8球目を見事にセンターに弾き返す。この瞬間こそ、イチローがプレッシャーをエネルギーに変えた典型例である。

プレッシャーのかからない場面では、並のアスリートでも自分の力を最大限発揮することはそれほど難しくない。一流と並の違いは、強いプレッシャーのかかった勝敗を左右する場面で表れる。

並のアスリートは、よくないことが起こることを恐れて萎縮してしまう。結果、目の前の作業に集中できないために能力を発揮できない。一方、イチローのような一流のアスリートは、どんな雑音も退けて目の前の一瞬に意識を集中させることができる。

「プレッシャーは味方」という認識を持って、プレッシャーのかかる局面をイチローのようにとらえれば、あなたもいま以上に良質の仕事ができるようになる。

## §「プレッシャーは味方」

## 修羅場にはくぐり抜け方がある

去年の（3年連続200安打への）プレッシャーとは比べものになりませんでした。だって、この記録は84年間、誰もできなかったんですから、それは重いですよ。二度と作れないかもしれないわけで、そういう目標が目の前に現れた時に、どうしても欲しくなってしまう気持ちを抑えることは僕にとっては無理でしたね。

（2004年のシーズン最多安打の記録を更新する直前の心理状態に触れて）

プレッシャーがかかった時、心身には「ビビる」という感情が湧き上がる。これは一流も含めて、あらゆるアスリートに表れる現象である。

しかし、一流のアスリートほど、このことに過剰反応することなく淡々と物事をやり遂げることができる。一方、並のアスリートはそれをよくない感情であると判断して取り除こうとする。すると、ますます目の前の作業に集中できなくなる。

このことに関してアメリカの著名な心理学者ジム・レーヤー博士はこう語っている。

「ビビるというのは完璧にノーマルで自然な反応で、個人の弱点やもろさが反映されているわけではまったくない。それどころか、ビビるのはアーチェリーの的で言えば中心に近づいていることを意味し、たいていの場合、勇敢さという素晴らしい感情を育みつつあるシグナルである」

それでは、ビビる状況をうまく克服するには、どうすればよいのだろう？　理屈抜きに修羅場をくぐればよい。仕事の場面で、進んでプレッシャーのかかる現場をできるだけ多く体験すること。これ以外にビビるという感情を克服する方法はあまり見当たらない。

## §あえて修羅場に身を投じる

## ニッチもサッチもいかなくなった時の打開策

もがいても、もがいても、
なにを考えても、なにをトライしてもダメな時が、
人生にはあると思うんですけど、
そういう時にこそ
自分に重荷を課すということが必要だと思うんです。

（自分の人生論について語った言葉）

仕事で思い通りの結果が出る時よりも、うまくいかない時のほうが圧倒的に多い。そんな時、ジムで汗を流したり、友人とお酒を飲んだりして悩みを紛らわすことも時にはいいかもしれない。しかし、それで癒やされることはほとんどないと私は思う。

このことに関して、私はプロサッカーの小野伸二選手の次の言葉が好きだ。

「サッカーの悩みって、遊びに行って発散できるものじゃないですよ。サッカーの悩みは、サッカーでしか解消できないんです。悩んだら練習で解消するしかないんですよ。それは練習量の多さとかじゃなくて、練習の中でキッカケを探すって感じですね」

仕事の悩みは仕事に真正面から向き合って解決するしかない。時にはイチローのように、さらに厳しい課題を自分に与えることもいいだろう。そうすれば、いつの間にか悩みが消えてしまっていることに気づくはずだ。

「ドンマイ！」という形で使われる「Don't mind!」は、「失敗を気にするな」という意味である。悩みに過剰反応することなく、高いレベルのモチベーションを維持して正面から悩みに立ち向かえば、霧が晴れるように悩みが解決することも珍しくない。

## §仕事のストレスは仕事で解消する

「現状維持」なら「後退」するほうがいい

変化は、前に進んでいることを表しているとは限りません。
後ろにいっても、
ちがう自分、ですからね。

（変化のとらえ方について語った言葉）

私たちは、ともすれば「変化」することを躊躇し、現状維持を選んでしまう。もちろん、それを処世術と心得ている人も少なくない。

一方、イチローは現状維持を極端に嫌がる。つまり、彼にとっては、現状維持よりも後退するほうがよほどマシというわけである。

では、どうやって現状を打破するか。失敗を恐れずチャレンジし続ければよい。大きな仕事をするうえで失敗は避けて通れない。つまり、夢の大きさや仕事の成果は失敗の数と正比例するのだ。

大相撲の例で言えば、失敗に当たるのは〝負け〟だろう。7勝8敗で負け越し。大関ならカド番のピンチである。あるいは、初日から5連敗でもすると、休場してしまう力士も珍しくない。しかし、ビジネスの世界では、14連敗しても、最後の千秋楽に勝てば大勝利なのだ。そのためには、負け続けても、時には後ろに下がっても、とにかくチャレンジを続ける忍耐強さが仕事の現場では試される。結局、どの分野でも、「連敗記録」を誇れるようになってはじめて、その人間は本物なのである。

## §不戦勝よりも「1勝14敗」をよしとする

## スランプの時ほど見えてくるもの

スランプの時にこそ絶好調が現れる。
すごく感覚を失っている時にしか好調はあり得ない。

（スランプのとらえ方について語った言葉）

逆境を忌《い》み嫌うようでは、一流のアスリートになることは難しい。イチローの考えは真逆であり、むしろ逆境を歓迎する。彼にしてみれば、スランプがこれまでの自分に飛躍のヒントを与えてくれたという強い思いがある。だから、彼は逆境を飛躍のヒントをつかむチャンスととらえることができる。順風満帆《じゅんぷうまんぱん》に浮かれていると、とんだしっぺ返しを食らう。

イチローはこうも語っている。

「結果ではなくて、プロセスの中で自分がどうあったのか、が、すごく大事です」

私はこれまで多くのプロスポーツ選手のメンタルカウンセラーを務めてきたが、調子のいい時期はほんの一時であり、その後長い停滞が訪れることを知っている。

それならば逆境が当たり前と考えて、逆境になればなるほどモチベーションを上げ、その中に潜む飛躍のヒントを探り出す。これこそ、仕事の醍醐味の一つであるべきなのだ。だから、あなたもこう考えてみよう。

「スランプが訪れた。さあ、いまこそ飛躍のチャンスだ。モチベーションを上げて全力を尽くして、ここから脱出しよう！」

## § スランプの時こそ飛躍のチャンス

## 半端な自信より、不安を抱えられる人間であれ

不安ですけど、「どうしたらいい？」が活力です。
自信満々より、不安のほうがずっといいんです。

（不安を抱えることの大切さに触れて）

人はどのような欲求によって行動を起こすのか？　心理学によれば、「夢実現欲求」と「不安解消欲求」という両極端の欲求が私たちを動かしている。

まず、夢実現欲求である。文字通り、夢や希望を実現したいという欲求である。この欲求は脆《もろ》く、無責任である。だから、よくないことが起こった時、この欲求の発端が順風満帆を想定している行動だから、簡単に挫折してしまう。

もっと言えば、夢を描くことによる快感を得ることがこの欲求の第一の目的になっている。だから、肝心のそれを実現するための行動は疎《おろそ》かになってしまう。

次に、不安解消欲求である。現在の自分が抱えている不安を解消しようとする欲求だが、この欲求はとにかくしつこいのが特徴だ。この欲求を抱えることにより、私たちはなんとかしようと、あの手この手を考えるようになる。

イチローは不安解消欲求をうまくコントロールし、不安を解消するための完璧な準備を日々欠かさない。同時に、不安解消欲求は探究心まで育ててくれる。不安を抱きながらその克服法を探求するのが、一流の仕事人の思考・行動パターンなのである。

## §「どうしたらいい？」と自問し続ける

## 「弱い自分」の奮い立たせ方

ぼくは風邪にも弱い、憂鬱にもなる……
不調の時は、
「仕事なんだ」「責任がある」と
奮い立たせるんです。

（仕事への責任感に言及して語った言葉）

誰にでも不調の時は訪れる。問題は、その時のモチベーションのコントロールだ。下がっていくモチベーションをどう食い止め、さらに上昇に持っていくか。

アメリカの著名な心理学者ダグラス・マクレガーはこう語っている。

「外側の動機付けで勤務態度を向上させることはできない」

つまり、外側の動機付け、たとえば報酬のアップなどのご褒美では、やる気を高めることは難しいのだ。こうした外側の動機付けを外発的モチベーターという。一方、不調な時でも安定して高いレベルのモチベーションを維持できるイチローの原動力は、自らの仕事にプライドを持って責任を全うするという内発的モチベーターで間違いない。

逆境を乗り切ろうとするエネルギーは、典型的な内発的モチベーターであり、それは自然に心の中から湧き上がってくる。このパワーはご褒美に象徴される外発的モチベーターとは比べものにならないほど強烈であり、持続的である。

不調を乗り切った時の快感をあらかじめ強く心の中に刻み込み、悪戦苦闘することの醍醐味を快感にしてしまおう。不調の時にこそ、その人間の真価が問われるのだ。

## §不調を乗り切った快感を心に刻んでおく

「いいイメージ」を描くだけでは成長できない

「絶好調」の定義がわかりません。
相手の意図は透けて見えないし、
ボールは止まって見えることもなく
常にやたらと動いています。

（記者インタビューで「いま絶好調ですか？」という質問に答えて）

スポーツ心理学の教科書には、「最高のイメージを描くことが上達のコツ」と書いてある。しかし誤解を恐れずに言えば、明らかにこれは間違っている。

逆境の真っ只中にあった時、一流のアスリートほど、現実のよくない状況から目をそらすことなく、ありのままの自分を見つめることができる。そのうえで、自分自身の状況を最高のものにすることに努める。これをルーティンワークのごとく行えるから、イチローは凄いのである。

一方、普通のアスリートは、現状のよくない自分を注視することから逃げて、現実離れした最高のシーンをただ思い描くだけである。しかし、これでは現状打開は難しい。現実と理想のギャップの大きさが、その人に行動を起こすことをためらわせるのだ。

仕事でも、よくない現実があればそれをありのままに受け止めて、そこに潜んでいる問題点を抽出し、その問題を解決するための具体策を見出して果敢に行動を起こす。遠回りのように見えるかもしれないが、苦しい状態から脱するには、これ以外の方法はあまり見当たらない。

## §自分は常に成長途上であると自覚する

## イチローの軌跡その1

| | |
|---|---|
| 1973 | 10月22日、愛知県西春日井郡豊山町に生まれる |
| 1981 | 豊山町スポーツ少年団で野球をスタート |
| 1989 | 愛工大名電高等学校に入学 |
| 1990 | 2年時に夏の甲子園に出場（左翼手） |
| 1991 | 3年時、春のセンバツに3番・投手として出場 |
| | オリックス・ブルーウェーブにドラフト4位で外野手として入団 |
| 1992 | 7月12日のダイエー戦でプロ初安打 |
| 1993 | 6月12日の近鉄戦で、野茂英雄からプロ初本塁打 |
| 1994 | 登録名を「鈴木一朗」から「イチロー」に変更。4月末から「1番・右翼」でレギュラーに定着 |
| | 初のシーズン200安打を達成 |
| | MVP、首位打者、最多安打、最高出塁率のタイトルを獲得。ベストナイン、ゴールデングラブ賞、正力松太郎賞を受賞 |
| 1995 | 初のリーグ優勝を経験。MVP、首位打者、打点王、盗塁王、最多安打、最高出塁率、ベストナイン、ゴールデングラブ賞、正力松太郎賞を受賞 |
| 1996 | オールスター第2戦に投手として登板 |
| | 日本シリーズを制し、初の日本一を経験。MVP、首位打者、最多安打、最高出塁率、ベストナイン、ゴールデングラブ賞を受賞 |
| 1997 | 首位打者、最多安打、ベストナイン、ゴールデングラブ賞を受賞 |
| 1998 | 首位打者、最多安打、ベストナイン、ゴールデングラブ賞を受賞 |
| 1999 | プロ野球史上最速で1000安打を達成 |
| | 首位打者、ベストナイン、ゴールデングラブ賞、最高出塁率を受賞 |
| | 元TBSアナウンサーの福島弓子さんと結婚 |

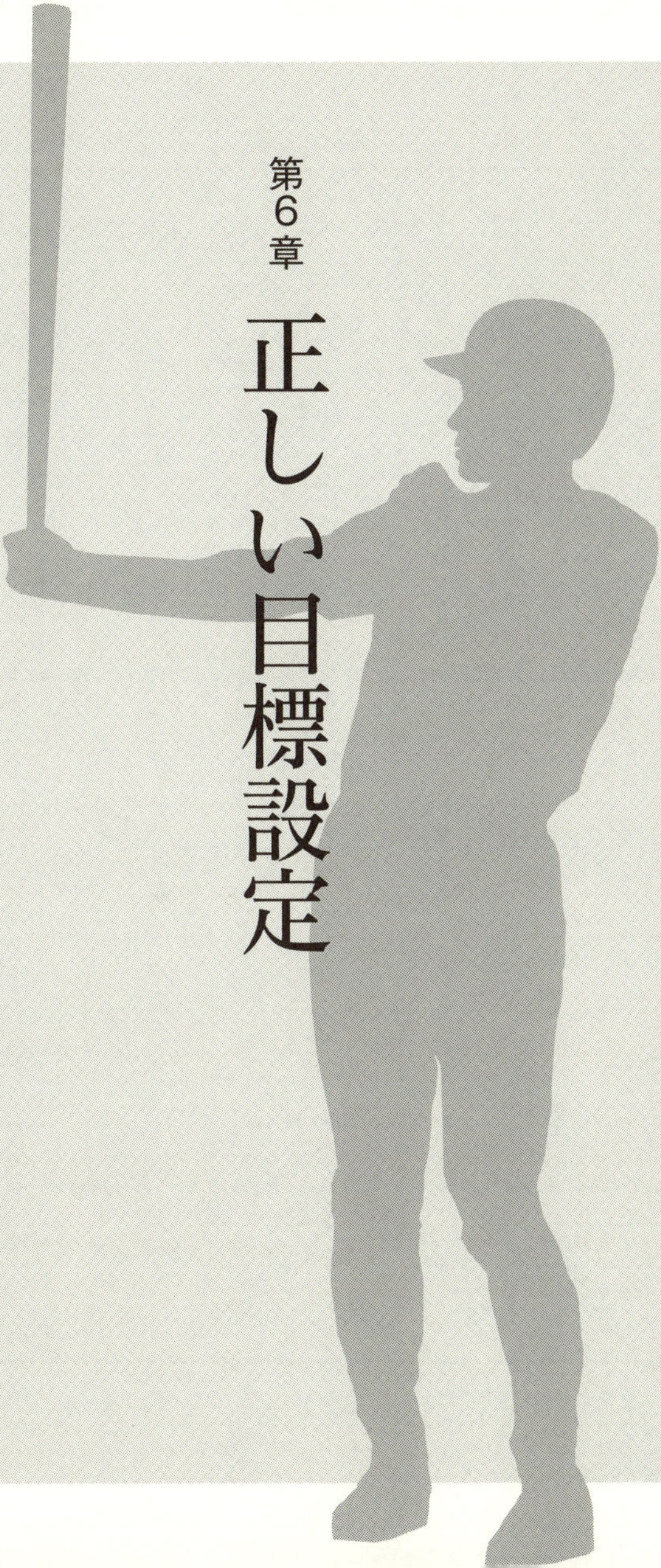

第6章

# 正しい目標設定

## 「できない自分」を認めよう

僕なんてできないことのほうが多いですよ。
でも、できなくていいんです。
だって、できちゃったら終わっちゃいますからね。
できないから、いいんですよ。

（メジャーに来て間もない頃、「メジャーに来てから進歩しているか？」という質問に答えて）

私の大好きな言葉に「ナイス・トライ！（Nice try!）」という欧米人がよく使うフレーズがある。日本語の適訳を見つけ出すのはなかなか難しいが、私は「前向きの失敗」と訳している。イチローが掲げているメジャーリーガー記録を塗り替えるような壮大な目標に向かっての失敗なら、それはまさに「ナイス・トライ！」と言っていいだろう。

ところで、日本では、たとえば会社の会議などでも、目標が実現できたかどうか、その結果ばかりが問われがちである。しかし、「実現」に重きを置きすぎると、「失敗」を恐れるあまり、どうしても目標の水準設定が控えめになる。簡単に実現できるハードルの低い目標になりがちなのだ。これでは、たとえその目標を実現できても嬉しくもなんともないものになってしまう。

日々の目標はコツコツ積み上げていくものでいいが、同時に、やる気が充満してくるような長期的ビジョンに立った壮大な目標を立ててベストを尽くそう。そうすれば控えめな目標より困難は伴うけれど、実現した時の幸福感は格別である。たとえ実現できなくても、果敢に「ナイス・トライ！」を試みることこそ、一流人の行動パターンなのである。

## §「ナイス・トライ！」の精神でやってみる

## 「あきらめが悪い」人間になるコツ

プロセスで、
もっとやっておけばよかったというのは一切ないけど、
結果として、
もっとできることはいっぱいありました。

（2012年10月、リーグ優勝決定シリーズで敗退した時に語った言葉）

イチローが「もっとやっておけばよかったというのは一切ない」と言えるのは、彼が、「自分はこんなに頑張ったんだから、もういいか」と途中であきらめなかったからだ。世の中には、「ま、いいか」とつぶやいて簡単に引き下がってしまう「あきらめ癖のある人」がいる。こういう人が厳しい競争社会で勝ち残るのは難しい。

それでは、あきらめ癖をなくすにはどうしたらいいのだろう？　次に紹介する「マクルランド理論」は覚えておいてよい理論である。これは、ハーバード大学のデビッド・マクルランド博士が〝輪投げ〟によって導いたことで知られている。

博士はハーバード大学の学生を多くのグループに分け、的《まと》までの距離は自由に設定していいというルールで輪投げをさせた。そして彼らの態度、仕草、目つきなどを観察して、どのグループが最も輪投げに没頭しているかを調べた。

その結果、5回の試技のうち3回成功するくらいの距離に的を設定したグループが、最も熱心に輪投げに取り組んでいたことを突き止めた。最適の目標設定が、もっとやってみようという意欲を掻き立て、途中であきらめるという気持ちを封じ込めるのだ。

## §〝ちょっと難しい〟目標を設定する

## 目標を〝越える〟ための小さな習慣

〝超える〟じゃなくて〝越える〟ですよ。
〝超〟だと、一瞬、飛び上がって
超えるというイメージですけど、
〝越〟は積み重ねがあって、
それを越えていくというイメージがある。
僕は越えていきたいんですよね、いろんなものを……。

（〝超える〟と〝越える〟の違いについて語った言葉）

２００８年のシーズン、イチローは石川さゆりの『天城越え《あまぎごえ》』を打席に入る際のテーマソングに選んだ。それほど彼はこの歌に惚れ込んでいる。なぜ、この歌に惹かれるのか。その理由の一端がこの言葉からうかがえる。

プロスポーツの世界で、一足飛びに飛躍することなど、ほとんどありえない。地道に少しずつ成長を積み重ねていくしかない。仕事においても同様だ。一晩で素晴らしい成果を上げることなど、できるものではないのだ。

イチローにしても、日々の泥臭いルーティンを欠かさずやることによって成長してこれたという思いがこの言葉に表れている。よく言われるフレーズだが、「あなたが象を平らげるにはどうしたらいいか」。答えは「毎日、一口ずつ」なのである。

ダイエットにしても、「月に3キロ痩せる」という目標ではなく、「毎日１００グラムずつ痩せる」という目標のほうが明らかに達成確率が高まる。

自ら掲げた目標の達成のために、毎日同じことを、同じ時間に、同じ量だけこなしていこう。何事も少しずつ、ただし着実に日々欠かさず行うことが、あなたに期待通りの成果をもたらしてくれる。

## §着実に毎日こなせる目標設定を

## 自分にとって最適な目標設定法

今年も２００本を打つことができて、
安心をしました……。
ぼくも、けっこうギリギリのところでやってるんでね。

（２００６年シーズン後、２００安打を達成したことに触れて）

イチローの数ある記録の中でも、今後、誰も更新することができないだろうと言われているのが、10年連続シーズン２００安打だ。私は、この「シーズン２００安打」というギリギリのところでかろうじて達成できるような目標設定が、彼を偉大なメジャーリーガーに仕立てたと考えている。

目標を設定することが大切なことは論をまたない。ただし、目標ならなんでもいいというわけではもちろんない。どのようなレベルの目標を設定するか。このさじ加減こそ、とても重要なのだ。

アメリカの社会学者ロバート・キング・マートンは、「最大限の努力をして、かろうじて達成できるような挑戦的目標がその本人の動機付けを最大化させる」と主張している。

イチローにとって「シーズン２００安打」という年間目標は、彼の仕事の成果を最大化させてくれるものだった。あなたの仕事においての「シーズン２００安打」はどのような年間目標になるだろう。そのことについて真剣に考えてみよう。最適な目標設定こそ、あなたの能力を最大限に引き出してくれる大きな要素である。

## §自分にとって〝かろうじて達成できる目標〟は何か

## やりがいが生まれる「ビジョン」の持ち方

ファンの人たちは２５００本や３０００本という数字を楽しみにしていています。彼らも色々なマイルストーンを目撃しています。でも、僕にとっては、すべてのヒットが大事なのです。それが２９１３本目であっても、２９３２本目であっても、それは重要です。

（ヒットのとらえ方の持論について語った言葉）

この言葉には、イチローがキャリアを通してこれまで積み重ねてきた、1本ずつのヒットの手応えにこそ大きな意味がある、という気持ちが込められている。

イチローは、私たちが好んで使う「夢」という言葉をあまり使わない。多くの小学生が、「将来、僕はプロ野球選手になる！」という夢を語る。しかし、夢を描くのはたやすいが、実現するのは難しいことは、大人なら誰もが身にしみて知っている。

ビジネスの現場で、時には会社の素晴らしい未来を語るのもいいだろう。しかし、実現性に乏しいビジョンは、ただの夢物語にすぎない。

モチベーションの観点から言えば、「将来3000安打を達成する」よりも「今日のゲームで2本ヒットを打つ」のほうが明らかにモチベーションは高まる。

本来、モチベーションは、その瞬間、瞬間で発揮されるもの。だから、仕事で成果を上げたいのなら、その日その日の瞬発力を高める工夫をしてみよう。「今日、得意先を10軒回る」「今日は企画書を3本完成させる」といった日々の目標こそ、モチベーションの特質に則った最強の目標なのである。

## §日々の目標を着実にクリアしていこう

## 人を本気にさせる「積み上げ目標」

時間をかけなければ絶対にできないものは、
すごいなあと思うんです。
もちろん、5打席連続ホームランもすごいけど、
一日でできますからね。

（2006年7月、6年間の合計安打記録を打ち立てた時に語った言葉）

イチローは、上がったり下がったりする打率については、いたって無頓着である。彼が重視するのは1本1本積み上げていく安打数だ。このようなイチロー独特の思考が、彼のモチベーション維持に大きく貢献していることは間違いない。

私は、イチローにとっての安打数のような目標を「積み上げ目標」と呼んでいるが、実は、これほど人を本気にさせてくれる目標はほかに見当たらない。

たとえば、ここにセールスの能力が同じ二人のセールスマンがいる。「一日1台、車を売る」という目標を設定して頑張るセールスマンAと、「ベストを尽くす」という漠然とした目標しか持たないセールスマンBである。

セールスマンAは具体的な目標を頭の中に叩き込んでいるから、一日の行動も計画的、意欲的になる。一方、セールスマンBはベストを尽くすかもしれないが、具体的な目標がないために無意識に手を抜いて一日を終えてしまう。月末に二人の成果を比較すれば、たくさん車を売るのは、当然セールスマンAである。結局、コツコツと積み上げていく目標が、あなたを高みに連れて行ってくれるのだ。

## §目標はより細かく、より具体的に設定を

## イチローの軌跡その２

| | |
|---|---|
| 2000 | プロ野球史上初の７年連続首位打者に輝く。ベストナイン、ゴールデングラブ賞、最高出塁率を受賞 |
| | 10月12日、ポスティングシステム（入札制度）を利用してメジャー挑戦を表明 |
| | 11月19日、マリナーズと３年総額1400万ドル（約16.8億円＋出来高）で合意 |
| 2001 | ４月２日、開幕戦のアスレチックス戦にて「1番・右翼」で先発出場。７回にメジャー初安打を記録 |
| | ファン投票で両リーグ最多でオールスターに出場し、「1番・中堅」で先発。ランディ・ジョンソンから内野安打を放ち、盗塁も記録 |
| | シーズン200安打を達成 |
| | シーズン234安打の新人最多安打記録を樹立 |
| | 首位打者と盗塁王の2冠獲得。両リーグ最多のシーズン242安打を記録。ア・リーグ新人王、ア・リーグMVP、シルバースラッガー賞（打率.350、盗塁56、得点127）とゴールドグラブ賞を受賞 |
| 2002 | ファン投票で、両リーグ最多の251万6016票を集めて、２年連続のオールスター・トップ選出 |
| | ２年連続200安打を記録 |
| | ２年連続ゴールドグラブ賞を受賞 |
| 2003 | ３年連続ファン投票トップで、オールスター出場 |
| | ３年連続200安打を記録 |
| | ３年連続ゴールドグラブ賞を受賞 |
| | マリナーズとの契約を４年延長（年俸総額4400万ドル、出来高200万ドル） |

第7章

# 仕事を面白くする視点

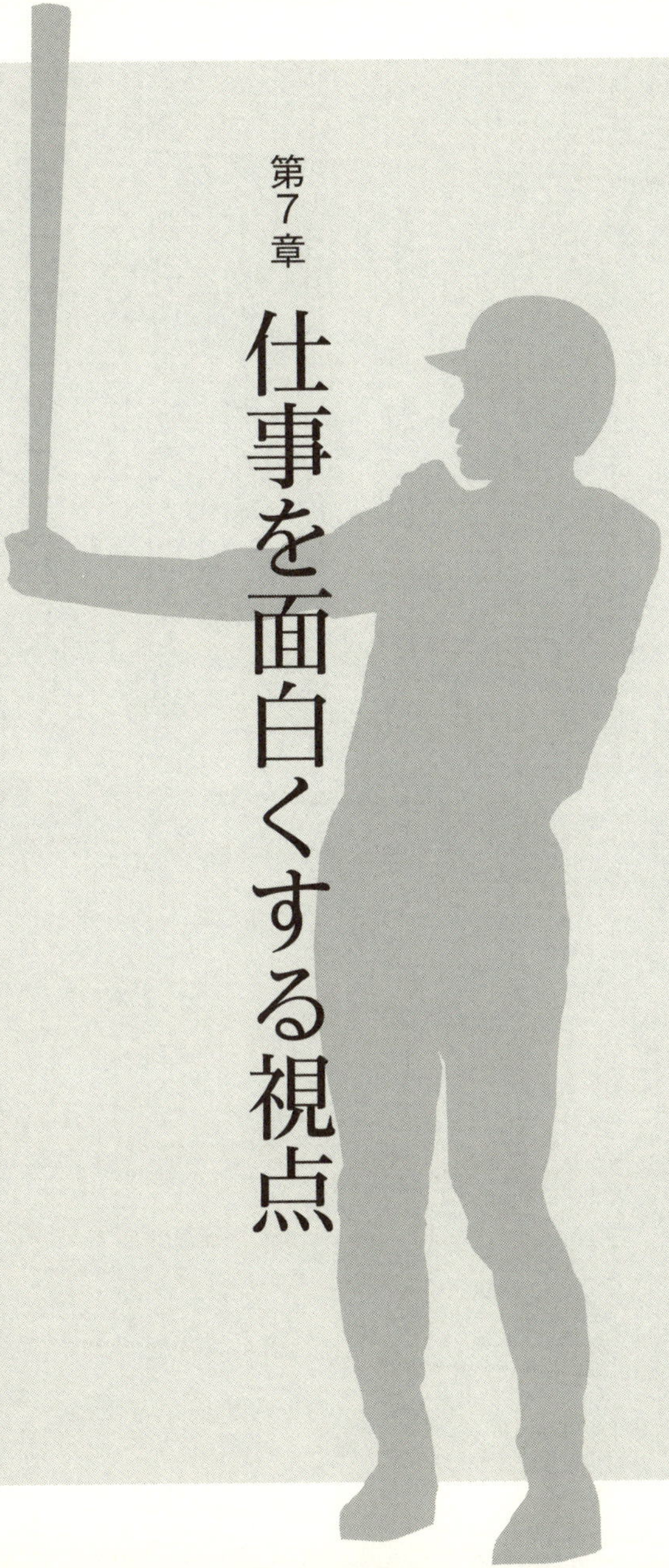

## 「好き」か「嫌い」かで判断しない

自分は幸せな人間だと思う。
不幸な人間って、
何事も何の苦労もなくできてしまう人でしょう。
でも、それでは克服の喜びがなくなってしまう。

（苦労を克服することの大切さに触れて）

仕事は単純に「好き」か「嫌い」かでは決められない。趣味ならそれでいい。仕事は「やる」か「やらない」かの二つに一つ。嫌いでもやらなければならない作業もあれば、好きでもやるべきでない仕事もある。

仕事はニーズでつながっている。好き嫌いの如何《いかん》にかかわらず、その作業に求められるニーズがある限り、あなたはやらねばならない。もし、それをやるのが困難であれば、できるようになるための工夫と努力を積み重ねなければならない。

イチローにしても、「バットの素振りをする」という面白くない単純作業を来る日も来る日も続けられるのは、１本でも多くヒットを打つという目標はもちろんだが、「イチローの芸術的なヒットを１本でも多く目の前で見たい」というファンのニーズがあるから、彼はこの単純作業を進化させることにのめり込める。

まず、あなたの仕事のニーズをしっかり把握しよう。そして、それがあまり面白くない作業なら、なんとしても面白くする工夫をしよう。それが、目の前の仕事にのめり込むための原動力となる。

## §誰に求められている仕事なのか

## 自分に「与えられたもの」は何か？

現時点での僕、
野球がなかったら、死んでもいい。
50歳で突然、
世の中から消えられたら理想だと思っています。
その代わり、そこまで思い切りやりたい。

（雑誌のインタビューで、プロフェッショナルとしてのこだわりについて語った言葉）

イチローは与えられた一日24時間をすべて仕事のために捧げている。そういう覚悟があるからこの言葉を吐ける。つまり、イチローは人生のすべてを野球に捧げたから一流のアスリートに上り詰めたのだ。

今日という日の、今という一瞬に、あなたに与えられている目の前の仕事こそ、人生の一大テーマであるべきであり、そのテーマで自分磨きをすれば、どんな仕事も面白くなる。仕事を辞めることは簡単である。職業選択の自由が保証されている限り、その気になれば、いつでも辞められる。しかし、それは冷静に時間をかけて行われるべきものであり、あくまでも最後に取っておくべきものだ。

あなたの仕事の最終責任者は、経営者でもチームリーダーでもなく、あなた自身である。自分が目の前の仕事をどうとらえるかで、仕事は１８０度変わる。目の前の仕事があることに感謝して、その仕事で自分を磨くことに全力を尽くそう。

そういう心構えで仕事にのめり込めば、仕事が面白くなるだけでなく、その成果も飛躍的に高まっていく。

## §目の前の仕事に感謝する

## 天職は見つけるものでなく、作り出すもの

今のマイブームは野球。
まさかこの歳でマイブームが野球になるとは……
これだけいろんなことを考えて、
情熱を長い間傾けていられることって、
野球以外にはありません。

（雑誌のインタビューで、職業である野球に対する強い思いに触れて）

２０１６年、日米通算25年目のシーズンを迎えても、イチローの野球への情熱は、いささかも衰えることはない。そんなイチローの仕事への激しい情熱を支えているものは何だろう？

どんな仕事でも、自発的な部分と強制的な部分が存在する。イチローの仕事にしても、その多くは自発的なものではなく強制的なものだ。たとえば、シーズン中はすべて決められたスケジュールでチームと一緒に行動をともにしなければならないし、試合のある日は試合を中心に、その日のスケジュールがほとんど決まっている。

野球をするために自分は生まれてきた。イチローはそう考えているはず。アメリカの黒人解放運動指導者マーティン・ルーサー・キング牧師の言葉がここにある。

「掃除人になる運命にあるのなら、ミケランジェロが絵を描くように、ベートーベンが音楽を奏でるように、シェイクスピアが詩を書くように、街路を掃除しなければならない」

自分の仕事を天職と考えられる人が人生の勝者となる。それにはイチローのように、仕事を通して極限まで自分を高める努力を続けることが求められる。

## §〝自分の仕事〟を究める努力を

## 人生の「軸」をどこに置くか？

いろんなことを犠牲にして、そこに至っているのは、自分を野球に捧げてきたからです。

グラウンドの上でぶっ倒れてもいいと思える覚悟があるかどうか。（中略）

大好きだからこそ、その覚悟ができる。

（２００９年、９年連続２００安打を達成した後、野球に懸ける強い思いに触れて）

イチローは24時間すべてを野球に捧げている。睡眠や食事もすべて野球で最大限潜在能力を活かすためにある。これこそ一流の仕事人に共通する発想なのだ。

「人生の中に仕事がある」という意識ではなく、「仕事の中に人生がある」と考えるべきなのだ。もちろん、趣味や余暇の中にも人生がある。しかし、それでも人生の軸は趣味ではなく、仕事であるべきなのだ。

人材コンサルタントの田中和彦さんが自著でこんな話を紹介している。老舗の映画雑誌『キネマ旬報』の編集者は映画を見るのが仕事である。休日出勤も厭わないある編集部員が、上司に有給休暇を申し出た。「何をするの?」と上司が聞くと、「名画座である監督の特集上映をやっているので、一気に見ておきたいんです」と答えたという。映画を見ることが仕事なのに、たまの休みの日にも映画漬けになりたい。これこそ本物のプロだろう。

オフタイムは、息抜きのために仕事とまったく無関係のことをやるべきという人も少なくない。それも結構である。しかし、一流の仕事人は、24時間仕事を軸にして生きている。片時も仕事のことを忘れない。これは古今東西の歴史が証明する厳然とした事実なのだ。

## §一流を目指すなら、仕事に軸足を置く

## 初心でプレーしてはいけない

僕が野球を好きになったきっかけは、覚えていないぐらいの記憶ですね。おそらく、狼の子供みたいなもので、最初に見たものを一番好きになる。そういうことだと思います。一番最初に目にしたものが野球で、それを今まで続けてきたという感覚ですね。

（野球との馴《な》れ初《そ》めについて語った言葉）

小さい頃の「好き」を仕事にできた人間は幸せ者である。しかし、その夢を実現できる人間はそれほど多くない。仕事の報酬は二種類に分類できる。「お金」と「成長」である。残念ながら、お金はほとんどの人間にとって自分でコントロールできないもの。しかし、「成長」なら自分でコントロールできる。

実は、「好き」と「成長」はとても相性がいい。そして結果的に成長がお金を増やしてくれる。給料が少ないと嘆く人間は概して成長に無頓着な人間である。お金が先ではなく成長が先であり、そこにお金が集まってくるのだ。

ある時、イチローはこう語っている。

「初心を忘れないことっていうのは大事ですが、初心でプレーをしてはいけないのです。成長した自分がそこにいて、その気持ちでプレーしなくてはなりません」

成長に人一倍貪欲だったから、自分が目指す目標のレベルが飛躍的にアップした。それがイチローを高みに引き上げたのだ。小さい頃にあなたが「好き」だったことを書き出してみよう。その中に仕事を成長させるヒントが潜んでいる。

## §「好き」を書き出してみる

## イチローの軌跡その3

| | |
|---|---|
| 2004 | 日米通算2000安打を達成 |
| | 4年連続オールスター出場 |
| | 4年連続200安打を記録 |
| | メジャー新記録のシーズン259安打をマーク |
| | シーズン262安打を記録し、首位打者と最多安打を獲得 |
| | 4年連続ゴールドグラブ賞を受賞 |
| 2005 | メジャー通算1000安打を達成 |
| | 5年連続オールスター出場 |
| | 5年連続200安打を記録 |
| | 5年連続ゴールドグラブ賞を受賞 |
| 2006 | 第1回WBC（ワールド・ベースボール・クラシック）の日本代表メンバーとして、日本の優勝に貢献 |
| | 6年連続オールスター出場 |
| | 6年連続200安打を記録 |
| | 6年連続ゴールドグラブ賞を受賞 |
| 2007 | 7年連続でオールスターに出場、球宴史上初のランニング本塁打を放つなどの活躍でMVPを獲得 |
| | マリナーズとの契約を5年延長（年俸総額約9000万ドル＝約108億円） |
| | 7年連続200安打を達成 |
| | 8年連続ゴールドグラブ賞を受賞。シルバースラッガー賞を受賞 |
| 2008 | 8年連続オールスターに出場 |
| | 日米通算3000安打を達成 |
| | 8年連続200安打を達成 |
| | 8年連続ゴールドグラブ賞を受賞 |

## 第8章

# 真の楽観主義者であれ

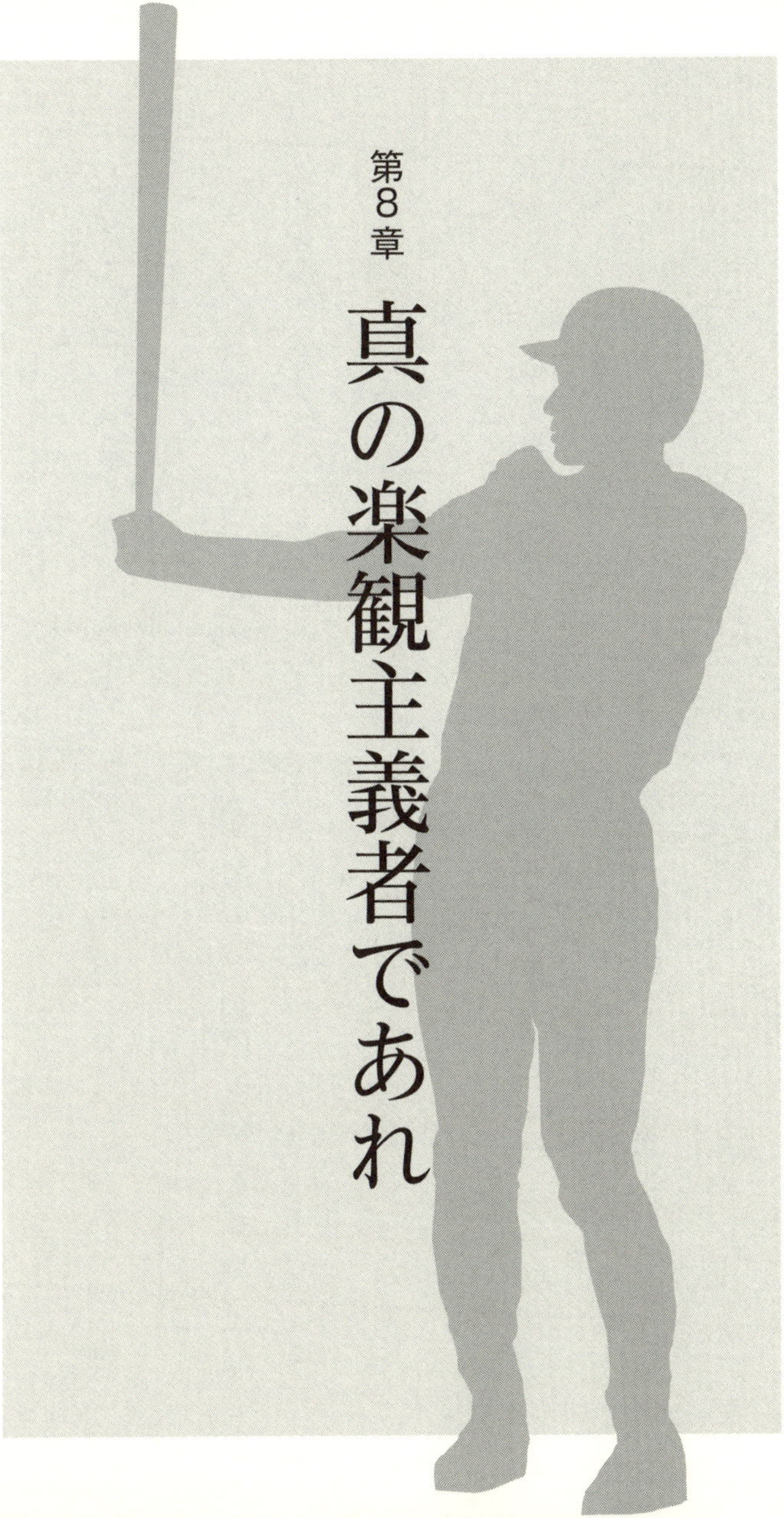

## 安易なポジティブ思考は、自分をダメにする

こういう時に誇れるのは（4000安打の）いい結果ではない。僕の数字で言えば8000回は（凡打の）悔しい思いをしてきたし、それと常に自分なりに向き合ってきた事実がある。

誇れるとすればそこじゃないかなと思う。

（2013年8月21日に日米通算4000安打を達成した後の記者会見で語った言葉）

イチローこそ、真の楽観主義者であると私は考えている。ところが、多くの人が楽観主義者の定義を誤っている。楽観主義者とは、常によい面だけをとらえて前向きの気持ちを維持する人間だと考えている人が実に多いのだ。

しかし、真の楽観主義者はそうではない。よくない状況でも、その事実をありのままに受け入れて、平常心を維持し、冷静に打開策を考える人間のことを言う。

イチローはよいことよりもよくないことに興味を示す。もっと言えば、よいことから学ぶことは何もないと考えられる。よくないことが起こった時、彼はその中に潜む飛躍のヒントを必死になって探し出す。そしてそれを見つけ出し、着実に成長の糧《かて》にしていく。このようにしてモチベーションのレベルを上げるから、彼は目の前の仕事にのめり込める。

アメリカの著名な心理学者シェリー・カーソンは、「コースから外れるのは必ずしも悪いわけではなく、そうしなければわからないような選択や教訓をもたらしてくれる」と語っている。だから、これまでに繰り返してきた失敗やスランプに向き合うことにより、私たちもいままで気づかなかった飛躍のヒントにめぐり合うことができる。

## §事実を〝ありのままに〟受け入れる強さこそが楽観主義

「精神的なレベルの高い」生き方とは？

精神的なレベルの高い選手は、
ガッツポーズをしたり、叫んだり、悔しがったりして
感情を表に出したりしないものです。

（メンタル面の重要性について語った言葉）

なぜ「精神的なレベルの高い選手」は感情を表に出さないのか。イチロー流に考えれば、彼らには真の自信というものが備わっているからだろう。自信とは、文字通り「自分を信じる」ことである。どんな状況でも、常に安定した精神を持ち続けることにより、自信は手に入る。つまり、ガッツポーズは、自信がないことの裏返し、ということになる。

ところで、知能は二つに分類できるのをご存じだろうか。まず、知識の記憶で代表される流動性知能。残念ながらこの知能は、受験勉強で覚えた知識を考えればわかるように、不安定で移ろいやすく、時間とともに消えていく運命にある。

もう一つが、技の記憶に代表される結晶性知能で、これは加齢によっても着実に進化していく。たとえば、イチローが身につけた卓越したバットコントロールは、典型的な結晶性知能であり、いくら年月を経ても衰えることはない。

泥臭い作業を黙々と長期間積み重ねない限り、結晶性知能は決して身につかない。真の自信も然《しか》り。それは一朝一夕では獲得できない。日々の鍛錬を持続させることによってのみ、真の自信が得られることを肝に銘じよう。

## §真の自信は安定した精神を持ち続けることから

「する」失敗より、「しない」失敗を恐れよ

四球を増やすより、
どうやってヒットに結びつけるのかを
考えたほうが生産的だし、
打者としての能力もあがります。

(2005年チームメイトが「フォアボールを増やせば4割も夢ではない」と語ったことに触れて)

日本人は仕事においても概して控えめである。失敗を恐れる心理がそうさせている。一方、欧米人は果敢にチャレンジして大きな獲物を取りにいく。結果、失敗することも多いが、獲得した時の獲物は大きい。四球よりヒッティングにこだわるイチローは、この意味では欧米人の特質であるポジティブな心理の持ち主と言えるだろう。

野球用語でおなじみの「ストライク」だが、実はこの言葉のニュアンスは日本とアメリカでは少し違う。日本のプロ野球では、投手が投げるある特定の領域《ゾーン》を意味する。一方、メジャーリーグでは、ある領域にボールが飛んできた時、打者はバットを振ってボールを打ち返さなければならないということを意味している。つまり、ストライクという英語は、「バットでボールを打て！」という意味なのだ。

日本のプロ野球のコーチは、「際どいボールは見送って四球で塁に出ろ！」とアドバイスをすることが多い。一方、メジャーリーグのコーチは、「際どいボールは三振してもいいからバットを振れ！」とアドバイスする。これからは、相手の失敗に期待するのではなく、果敢にバットを振れる人間だけが生き残れる時代になることは間違いない。

## § 〝バットを振る〟人間だけが生き残れる

## リスクは進んで引き受ける

前に進もうとするのは、
前向きな人間なら当たり前。
後ろを向きたい人たちは、
ここではやっていけないですから。

（2015年シーズンを前に外野手の四番手としての現状について聞かれて語った言葉）

後ろを向いているようでは、過酷な競争社会で生き残れない。それはアスリートの世界もビジネスの現場も同じだ。

イギリスの著名な啓蒙家ピーター・セージはこう語っている。

「歴史は常にリスクを取る者の味方をする。リスクを取ろうとせず『安定感の中毒』になっていると、結局、長期的には少ない取り分で人生を終わる」

リスクを取らずに大きな獲物を手にすることができないのは自明の理。とはいえ、行動を起こす前の心の中は、「失敗したらどうしよう」という不安で満たされる。多くの人々が、その不安に耐え切れずに行動することを躊躇してしまう。しかし、一流の仕事人ほど、いったん行動を起こせば、その前に抱いていた不安など、たちまち消え去ってしまうことを経験的に知っている。

前に進もうとするなら、たどり着きたいゴールを定めて、行動というチャレンジを仕掛けよう。たとえうまくいかなくても、「よりよい失敗」をするために果敢に行動を起こす。それを繰り返していれば、いつの間にかゴールに到達している自分に気づく。

## §「よりよい失敗」のために果敢にチャレンジを

## 完璧主義者になるな、最善主義者になれ

打撃に関してこれという最後の形はない。
でも、今の自分が最高だっていう形を常につくっている。
この矛盾した考えが共存していることが、
僕の大きな助けになっている。

（2009年9月に9年連続200安打を達成した後で語った言葉）

イチローは典型的な〝最善主義者〟である。最善主義者と対比されるのが〝完璧主義者〟。誤解しないでいただきたいが、イチローは完璧な自分をイメージすることはできるが、それに縛られるただの〝完璧主義者〟ではない。

完璧主義者の問題点をここで簡単に解説してみよう。まず、彼らは完璧さを追い求めすぎるあまり、常に不満が心の中に充満している。だから、目の前の作業に集中できない。それだけでなく、ちょっとしたスランプが訪れるだけで落ち込んでしまう。

あるいは、完璧主義者は失敗を極端に恐れる。結果、リスクに萎縮してなかなか行動に移せない。

たとえ、行動を起こしたとしても、決断のタイミングを失しているから成果が上がらない。それだけでなく、犯した失敗に過剰反応するから常にストレスを抱えている。

また、完璧主義者はゴールへの道のりとして最短距離を求めたがる。しかも、完璧主義者は常にライバルと自分を比較したがり、片時も気持ちが休まることがない。

もしもあなたが完璧主義なら、すぐにそれと訣別して、最善主義者の仲間入りをしよう。

## §一つの理想型に縛られない

## 結果にいちいち後悔しないメンタル術

過去にやってきたことや、
昨日までの結果というのは、
何の意味もないものと思って、
日々、やってきました。

（2014年7月、ヤンキースに移籍した後に、自らの心境について語った言葉）

前項の続きだが、イチローが完璧主義者ではなく最善主義者であるという理由を、いくつか示しておきたい。

まず、イチローは結果に無頓着であること。したがって、彼の意識の照準は常にプロセスに当たっている。そのうえで、自分のベストを極限まで突き詰めることができる。これこそ最善主義者の特徴である。

また、これまでにも紹介したように、彼はたとえどんな結果に終わろうとも後悔しない。うまくいかなくても、高いレベルのモチベーションを維持し、繰り返し行動を起こすことができる。結果、安定したストレスフリーのメンタル面を維持できる。

遠回りすることを容認するのもイチローならではの特徴である。要するに失敗耐性が強いのだ。そして、完璧な技に少しでも近づくために、日々ベストを尽くすことができる。つまり、完璧を求めて最善を尽くすのが、イチロー流の最善主義と言える。

失敗を恐れず、常に最善を求めて行動する彼の精神を、私たちの仕事にも取り入れることにより、突然ブレイクスルーが訪れる。

## § 完璧を求めて、最善を尽くす

## 仕事で「反省」してはいけない？

ヒットを1本増やしたいと
ポジティブに考えるのです。
そう思っていれば
打席に立つのがたのしみになりますよね。

（「打率を上げたいと思いますか？」という質問に答えて）

この言葉がイチローのポジティブ思考を象徴している。彼はヒットを１本ずつ積み上げることに命を懸けている。一方、普通の打者は打率にこだわり、その上下に一喜一憂する。事がうまく運んでいる時には、両者の違いはあまり認められない。問題は事がうまく運ばない時だ。

イチローはたとえスランプ時でも同じように淡々と目の前の作業でベストを尽くすことに集中できる。ヒットが出なくても、これまで積み上げたヒット数が減ることは決してない。しかし、打率にこだわる並の打者は、現在の低打率に過剰反応して落ち込んでしまう。その結果、ますますモチベーションは下がっていく。

仕事で反省してはいけない。気持ちが暗くなるだけで、自信もどんどん失われていく。

あなたの仕事にとって、イチローのヒットに当たる作業は何だろう。それが見つかったら、それを一つずつ積み上げることをやりがいにしよう。そうすれば、仕事がうまくいかない時でも、つまらない反省をすることもなく、前を向いてモチベーションを維持しながら良質の仕事ができる人間になれる。

## §あなたにとって〝１本のヒット〟は何か？

## 真の自信家になる習慣

自信がなくてグラウンドに立つことはまずないでしょう。
よほど体調が悪いとか、
精神的に問題がある時以外には。

（重圧について尋ねられた時に語った言葉）

バッターボックスに入ってから、ピッチャーを見据え、バットを立てて……というイチローの一連のルーティンワークを見て感じるのは、そのみなぎる自信である。私たちは、同じ車を買う時にも、自信満々のセールスマンから買いたいと思う。自信なさそうにおどおどと車の説明をするセールスマンからは買いたくない。だから、まず自信をつけよう。そうすれば仕事の成果は後からついてくる。

雑誌『ハーバード・ビジネス・レビュー』に掲載された調査では、「出世にあたって役に立つ要素は何か？」という質問に、92・３％の人が「自信があること」と答えている。また、サンディエゴ州立大学の心理学教室による、ホテル、レストラン、ゴルフ場などのサービス業のマネジャー１９５人の調査でも、成功しているマネジャーは「自信家」であり、そうでないマネジャーは「臆病者」だったことが判明している。

実は、自信をつけるための簡単な方法がある。次の五つを普段から心がけるだけでいい。①大きな声で話す、②大きな字を書く、③背筋を伸ばして行動する、④早起きをする、⑤毎日を楽しく生きる、である。この習慣があなたの心に自信を満たしてくれる。

## §五つの習慣を身につける

## イチローの軌跡その4

| | |
|---|---|
| 2009 | 第2回WBC日本代表メンバーとして、決勝の韓国戦で延長10回に勝ち越し2点適時打を放ち、日本を連覇に導く |
| | 張本勲氏の持つ日本プロ野球記録3085安打を上回る、日米通算3086安打を記録 |
| | 9年連続オールスターに出場 |
| | メジャー通算2000安打を達成 |
| | メジャー史上初の9年連続200安打を記録 |
| | 9年連続ゴールドグラブ賞を受賞。シルバースラッガー賞を受賞 |
| 2010 | 10年連続オールスターに出場 |
| | 日米通算3500安打を達成 |
| | 10年連続200安打を記録 |
| | 10年連続ゴールドグラブ賞を受賞 |
| 2011 | 打率.272、184安打、5本塁打、47打点の成績でシーズン終了。メジャーで初めて打率3割を切り、連続200安打記録も10年でストップ |
| | ゴールドグラブ賞連続受賞が10年でストップ |
| 2012 | メジャー通算2500安打を達成 |
| | 7月23日、ヤンキースへ移籍 |
| 2013 | 日米通算4000安打を達成 |
| 2014 | 野村克也氏の持つ日本プロ野球記録の3017試合を超える、日米通算3018試合出場を達成 |
| 2015 | マーリンズと1年200万ドル（約2億4000万円）で合意、初めてナ・リーグ球団に所属する |
| | 王貞治氏が持つ日本プロ野球記録の通算1967得点を抜く、日米通算1968得点を達成 |
| | ベーブ・ルースが持つ歴代42位の2873安打を抜く、メジャー通算2874安打を達成 |
| | タイ・カッブが持つメジャー歴代2位の4191安打を抜く、日米通算4193安打を達成 |
| | 日米通算2000得点を達成 |
| | マーリンズと年俸200万ドル（約2億4000万円）で再契約 |

# 第9章

# 現状《いま》の自分の疑い方

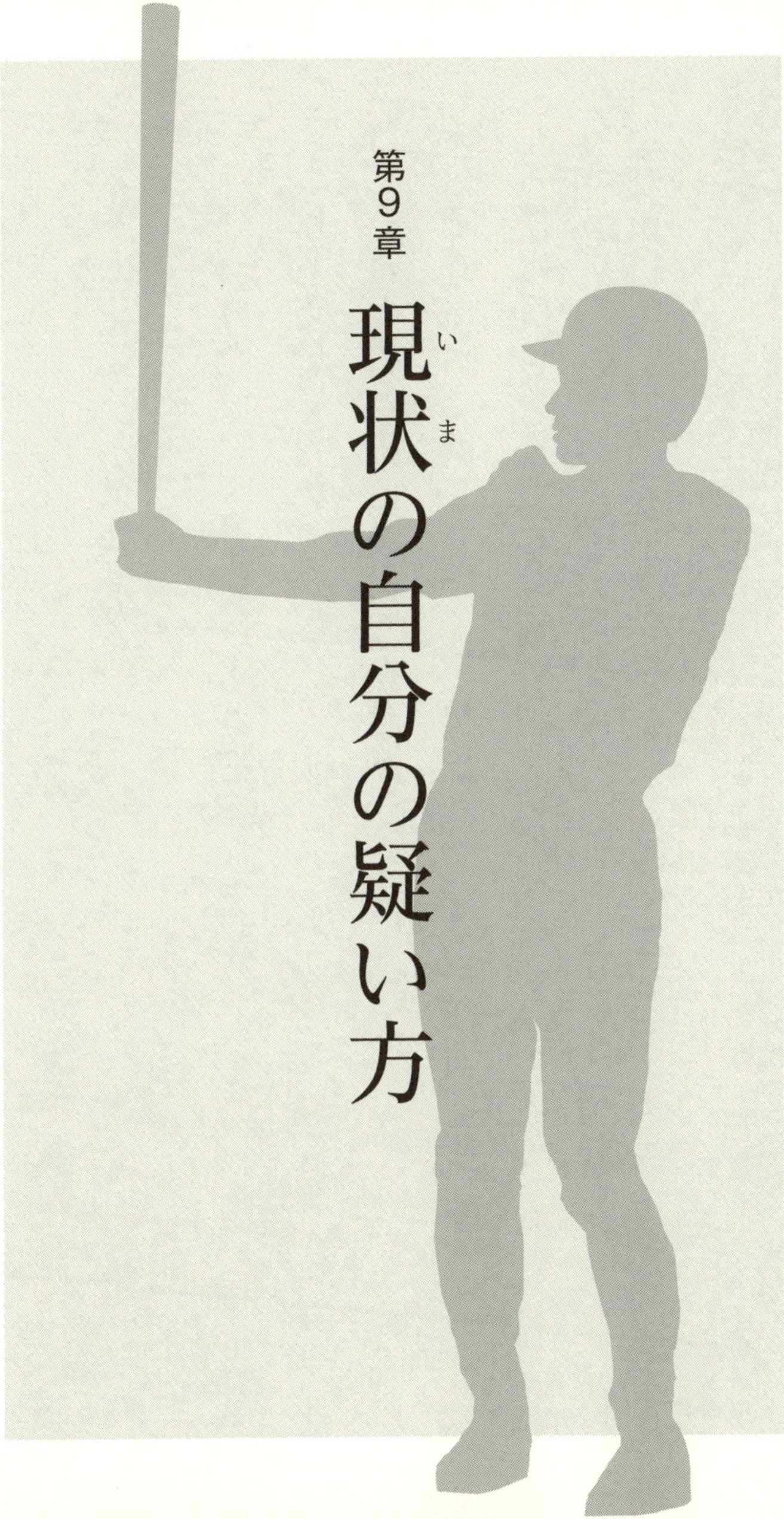

## 「いつもの自分」をどう壊すか

変わりたい……というよりも、
壊していきたい。
それが吉と出るかどうかはわからなくても、
そうやって壊していく姿勢が、
僕は好きなんでしょう。

（2015年シーズンを前に雑誌のインタビューで語った言葉）

イチローの「壊す」という表現の裏には、「停滞したくない」という強い思いがある。現状維持を嫌うイチローの本音がこの言葉に表れている。日々の仕事を、ただ漫然とこなしていては停滞するだけ。これでは仕事面だけでなく、人間的な成長も望めない。だから、現状を「壊す」ことに全エネルギーを注ぐことも必要となる。

イチローにしても、素振りを繰り返す練習は、それ自体は面白い作業ではないはずだ。それでは、なぜ彼はその作業にのめり込めるのか？　それは、いまのバッティングを壊したい、という強い思いがあるからだ。裏を返せば、「自分はさらにバットコントロールを進化させることができる！」という確信があるから、彼は本気でその単純作業を改善することに意欲を見出せるのだ。

大きく変わることを「壊す」という言葉で表現するイチローにとって、「現状破壊」こそが生きがいなのである。実際、仕事面で「このままでいい」「すべて満ち足りている」と思っている人は一握りだろう。あえて「仕事でより大きな成果を上げる」という目的を頭に叩き込んで、現状破壊を試みる人間だけが過酷な競争社会で生き残ることができる。

## §破壊なくして変化なし

## いくつになっても成長し続ける人の「常識」

僕、大きいことが強い、美しいなんて
価値観がまったくない。
細いのに（打球を）飛ばせる方がかっこいいでしょ。
フェラーリで速いのは当たり前だけど、
小さな車でビヨーンと抜いていけたら
ちょっといいじゃないですか。

（小さい頃駐車場に並んでいた車に関する思い出を語った言葉）

私にはイチローの心理分析に関する著作が多いが、彼の言葉に接していつも感心するのは、彼の発想が、いつも新鮮で挑戦的であるということ。彼は、教科書に書かれている常識や固定概念を覆す行動をしたから、類《たぐ》いまれなる能力を獲得できたのだ。

右の言葉からも、常識を覆して飛躍するというイチローの強い意志が読み取れる。つまり、「柔よく剛を制す」という感覚が、彼にとって痛快なのである。

2009年シーズン、その前に行われたWBCの余波でイチローは開幕後胃潰瘍のため8試合を欠場。そしてシーズン後半に脚の肉離れでやはり8試合の欠場を余儀なくされたにもかかわらず、シーズン200安打を達成した。シーズン後イチローはこう語っている。

「病気や怪我のことを考えると、新しい出来事によって大きなプラスが生まれました。技術的には昨年を停滞と表現したんですけれど、昨年から見たら進んでいると思います」

加齢により体力が衰えるという常識も、イチローにはまったく適用しない。常識をいったんすべて葬り去って、新たな発想で目の前の作業に取り組めば、イチローと同じように、私たちも着実に進化していけるようになる。

## §当たり前の常識を葬り去って考えてみる

## 仕事のブレイクスルーが訪れる瞬間

既存の常識や固定観念を、
どれだけ変えていくことができるのか。
それは、現役選手がやらなければならない仕事なんです。

（普段心がけていることに触れて）

仕事における常識を根本的に疑ってかかる。まず、このことから始めてみよう。これに関して、日産自動車CEOのカルロス・ゴーンは次のように語っている。

「会社の変革とは思考方法の変革である」

組織を構成するメンバー一人ひとりが意識を変えて、豊かな発想を積極的に生み出すことに努めたら、その組織は劇的に変わる。

イチローにとって注目すべきは、対戦する投手の〝失投〟をヒットにするのではなく、その投手の投げた〝最高のボール〟をヒットにするという発想である。そういう意識を持ち続ければ、失投はもちろん、どんなボールでもヒットにできるようになる。

そして細いバットを使うという発想も、彼を一流に仕立てた大きな要素である。芯を外しても強い打球を打てる太いバットではなく、あえてバットコントロールが難しい細いバットを使用して、芯でボールをとらえる能力を高める工夫をしたのである。

結局、仕事のブレイクスルーは、当たり前の常識を疑って、徹底的に思考方法の変革を図る人間にだけ訪れる。

## §思考方法が変われば人も組織も変わる

## 常識に馴らされない思考法

若い頃に比べても体は柔らかくなっている。
技術や人体の知識が発達している。
ある年齢に達すると、一般的に体は
こういう状態であるべきだと思われがちだが、
私はそういった体験をしたことはない。

（年齢と機能低下に関する自分の考えに触れて）

すでに何もかも手に入れたはずのイチローが、なぜ、いまだに本気で戦いを仕掛けているのだろう？　それは、自分自身をまだ成長させることができるという手応えがあるからと、私は考えている。

常識に馴らされると、私たちは無意識にその常識に従ってしまい、年を取るとともに体力だけでなく気力までも萎えてしまう。結果成長は止まってしまう。しかし、イチローだけは例外である。彼はこれまで常識や〝神話〟を徹底して破壊してきた。だから、40歳を過ぎた現在でも、本気で自分を進化させることに命を懸けることができる。

最新のデータでも、イチローの本塁から一塁を駆け抜けるまで時間は最盛期と0・1秒しか違わないという。もちろん、体形も20代とほとんど変わらない。絶え間ない節制と鍛錬がそうさせている。

教科書に書かれている常識を鵜呑《うの》みにしてはいけない。特に現状からのブレイクスルーを真剣に考えている人は、一般的に通用するものは疑ってかかったほうがいい。人間というのは、死ぬまで変化し続けることができる動物なのである。

## §常識より自分の努力を信じる

迷い流されない「直観力」の高め方

先のことを予測する習慣を身につけるのは、
大事だと思います。

（メジャーリーガーとして大事にしていることに触れて）

良質の仕事をする上で予測力は欠かせない。イチローは常に先を予測する能力に磨きをかけたから、誰よりもヒットを量産できた。右の言葉に続けてイチローはこう語っている。

「自分が絡んでいないプレイでたくさんの予測をしているとすごく疲れるのですが、自分が疲れるからといって投げ出してしまっていてはプレイヤーとしての能力も止めてしまいます」

予測は直観的思考が担っている。それは論理的思考と対極にある。もちろん、この二つの脳の処理領域はまったく異なる。もしもあなたがなかなか決断できないなら、それは論理的思考が働いているからであり、一方、即決できたら直観的思考によるものである。

ニュージーランドのＪ・ハルバースタット博士は、じっくり情報収集してから意思決定するグループと、直観的にパッと決定するグループに分けて、どちらのグループの決定が正しかったかを分析した。結果は、後者のほうが明らかに正しい決断をしたという。

ああでもない、こうでもないと思考の堂々巡りをするのではなく、スパッと即断即決で結論を下すことを習慣化させれば、直観的思考が練磨され、予測力も育っていく。

## §意識して即断即決してみる

## 「足し算」発想から「引き算」発想へ

今でもブレない自分というものが
完全にできあがっているわけではないですよ。
ただ、その時々に感じているものの中から、
おかしいなって感じたものを削除するという行為を
繰り返してきただけなんです。

（2007年シーズンを前に雑誌のインタビューで語った言葉）

ともすれば、私たちは何かを付け加えることにより進歩したと考えてしまう。たとえば、何かの資格を取っただけで、レベルが上がったと錯覚してしまう。

しかし、多くの場合、それは単なる自己満足にすぎないし、進歩と無縁である。それどころか、新しいものを付け加えることによって、かえって進歩の重石《おもし》になってしまうことも珍しくない。

イチローは常に無駄な〝ぜい肉〟を削《そ》ぎ落すことを考えている。一貫して完璧なスイングを追求してきたイチローにとって、もはや何かを付け加えるという発想は存在しない。

あなたの仕事でも、発想を逆転させて、時には付け加えることをやめて無駄なものを削り取る作業について意識を向けてみよう。

最近は、不要なものの数を減らすことを提唱する「断捨離《だんしゃり》」がブームになったり、所持品の整理法を教える本が売れている。「付け加える」という20世紀型の発想から、「無駄なものを捨てる」という21世紀型の発想に切り替えることにより、これまでとは違った新たな世界が見えてくる。

## §自分の「何を」削るべきか？

## 人の〝半歩先〟を歩くという美学

「イチロー」でいるときには、
強く、美しく、しなやかでいたい。
ふだん、持ちあわせているものでないものに
なれる瞬間なんです。

（イチローと鈴木一朗の違いについて語った言葉）

ただチームを勝利に導くためのプレーだけでは物足りない。エンターテイナーとしてファンを感動させたい。そういう思いがイチローを特別なアスリートにしたと言えなくもない。心理学者ヘンリー・マレーは、「人間の保有する基本的欲求の中でも、顕示(exhibition)は一流の仕事人が保持している欲求である」と定義している。

この欲求は、他人を印象づけ、興奮させ、魅惑することを目指す。仕事で大きな成果を出すことに全力投球し、それを成し遂げた人が次に意識するのが、この顕示という欲求である。周囲の人間を感動させるような仕事を目指す。これは大切なことである。

このことについて、イチローはこうも語っている。

「常にちょっと先を行かなければいけないと考えています。僕がそうすることによって、人が後からついてくるという状態を常にイメージしなければならない。何かをする側が後をついていくようではまずいんです」

ヒットを量産したいという欲求にとどまらず、ファンを感動させるようなスーパープレーを彼らに披露することこそ、成熟したいまのイチローの純粋な欲求なのである。

## §〝背中〟を見られていることを意識する

## この思考パターンが頭と心をしなやかに保つ

自分がイメージしている球を打ち返すことなんか滅多に起こらない。
実戦で本当に必要なことはたとえば、変化球を待っていながらインサイドにきた真っ直ぐ高めをヒットにすることなのです。

（打席に入って心がけていることに触れて）

イチローのさまざまなプレーが物語るように、彼はきわめて創造性溢れるアスリートであり、身体同様、彼の頭脳もとてもしなやかだ。常に心の間口を広くして、どんな状況にも対応できる能力を磨いてきた。福岡ソフトバンクホークスの内川聖一選手が、２００９年３月に開催された第２回ＷＢＣのことを思い出しながら、こう語っている。

「(イチローさんに)『わざと打球を詰まらせることがある』と言われて、打撃は奥が深いなあ、と思いました。(中略)それまでは全部、芯で打つのが良い打者という感覚でしたから。詰まったり、先っぽだったり、周りから見たらよくない打撃が投手に与える影響が大きいんだな、と感じた時に、バッティングに関する考え方が変わりました」

アメリカの創造力開発の権威であるロジャー・フォン・イーク博士は、創造性を阻む頭のこわばりを引き起こすいくつかの因子を抽出している。その主な要素は、①正解は一つしかない、②間違えてはいけない、③論理的なものしか認めない、④ルールに従う、⑤現実的なアイデアしか意味はない、というものである。

イチローの思考パターンが、このどれにも当てはまらないことは言うまでもない。

## §正解を一つに絞らない

## 他人の評価を意識しない生き方

いつも人と違うことをしたい。
人と同じ方向は見ない。
人が変わるなら僕は変わらない。
人が変わらないなら僕は変わる。

(小さい頃から心がけていることに触れて)

個性は相違点である。人間一人ひとり顔が違うように、個性も人それぞれ違うもの。しかし、放っておけば、その個性は、溢れ返る常識やルールによってどんどん削り取られていく。イチローは小さい頃からそのことに危機感を抱いていた。

このことを象徴するようなエピソードがある。それはイチローが小学４年生の時の鮮明な記憶である。

駐車場に車が４台並んでいた。そのどれもが、たまたま同じ車種の高級車だったという。小さい頃から車好きだったイチローだが、そのどれもが同じというシーンに強い違和感を覚えたという。その時から、自分は他人とは違うことをしようと意識し始めたという。

私たちは、自分が他人の目にどう映っているかを気にする傾向がある。結果、目立つことを恐れ、他人に合わせて仕事をするから、私たちの個性は引っ込み、結局、自分のやり方で仕事をプロデュースできない、平均的な人になっていくのだ。

イチローがまぶしいのは、私たちがやろうとしてもできない「いつも人と違うことをしたい」という思いを真っ向から実践しているからだ。この言葉を噛みしめよう。

## §〝人と違う自分〟を大切にする

# イチローの打撃総合成績

| 年度 | 球団 | 試合 | 打席 | 打数 | 得点 | 安打 | 二塁打 | 三塁打 | 本塁打 | 塁打 | 打点 | 盗塁 | 四球 | 敬遠 | 三振 | 打率 | 出塁率 |
|---|---|---|---|---|---|---|---|---|---|---|---|---|---|---|---|---|---|
| 1992 | オリックス | 40 | 99 | 95 | 9 | 24 | 5 | 0 | 0 | 29 | 5 | 3 | 3 | 0 | 11 | .253 | .276 |
| 1993 | | 43 | 67 | 64 | 4 | 12 | 2 | 0 | 1 | 17 | 3 | 0 | 2 | 0 | 7 | .188 | .212 |
| 1994 | | 130 | **616** | **546** | **111** | **210** | **41** | 5 | 13 | **300** | 54 | 29 | 51 | 8 | 53 | **.385** | **.445** |
| 1995 | | 130 | **613** | 524 | **104** | **179** | 23 | 4 | 25 | **285** | **80** | **49** | 68 | **17** | 52 | **.342** | **.432** |
| 1996 | | 130 | **611** | **542** | **104** | **193** | 24 | 4 | 16 | **273** | 84 | 35 | 56 | **13** | 57 | **.356** | **.422** |
| 1997 | | 135 | 607 | 536 | **94** | **185** | 31 | 4 | 17 | 275 | 91 | 39 | 62 | **14** | 36 | **.345** | .414 |
| 1998 | | 135 | 558 | 506 | 79 | **181** | 36 | 3 | 13 | 262 | 71 | 11 | 43 | **15** | 35 | **.358** | .414 |
| 1999 | | 103 | 468 | 411 | 80 | 141 | 27 | 2 | 21 | 235 | 68 | 12 | 45 | **15** | 46 | **.343** | **.412** |
| 2000 | | 105 | 459 | 395 | 73 | 153 | 22 | 1 | 12 | 213 | 73 | 21 | 54 | **16** | 36 | **.387** | **.460** |
| 2001 | マリナーズ | 157 | **738** | **692** | 127 | **242** | 34 | 8 | 8 | 316 | 69 | **56** | 30 | 10 | 53 | **.350** | .381 |
| 2002 | | 157 | 728 | 647 | 111 | 208 | 27 | 8 | 8 | 275 | 51 | 31 | 68 | **27** | 62 | .321 | .388 |
| 2003 | | 159 | 725 | 679 | 111 | 212 | 29 | 8 | 13 | 296 | 62 | 34 | 36 | 7 | 69 | .312 | .352 |
| 2004 | | 161 | **762** | **704** | 101 | **262** | 24 | 5 | 8 | 320 | 60 | 36 | 49 | **19** | 63 | **.372** | .414 |
| 2005 | | 162 | 739 | **679** | 111 | 206 | 21 | 12 | 15 | 296 | 68 | 33 | 48 | 23 | 66 | .303 | .350 |
| 2006 | | 161 | **752** | **695** | 110 | **224** | 20 | 9 | 9 | 289 | 49 | 45 | 49 | 16 | 71 | .322 | .370 |
| 2007 | | 161 | 736 | **678** | 111 | **238** | 22 | 7 | 6 | 292 | 68 | 37 | 49 | 13 | 77 | .351 | .396 |
| 2008 | | 162 | **749** | **686** | 103 | **213** | 20 | 7 | 6 | 265 | 42 | 43 | 51 | 12 | 65 | .310 | .361 |
| 2009 | | 146 | 678 | 639 | 88 | **225** | 31 | 4 | 11 | 297 | 46 | 26 | 32 | **15** | 71 | .352 | .386 |
| 2010 | | 162 | 732 | **680** | 74 | **214** | 30 | 3 | 6 | 268 | 43 | 42 | 45 | 13 | 86 | .315 | .359 |
| 2011 | | 161 | 721 | **677** | 80 | 184 | 22 | 3 | 5 | 227 | 47 | 40 | 39 | 13 | 69 | .272 | .310 |
| 2012 | | 95 | 423 | 402 | 49 | 105 | 15 | 5 | 4 | 142 | 28 | 15 | 17 | 4 | 40 | .261 | .288 |
| | ヤンキース | 67 | 240 | 227 | 28 | 73 | 13 | 1 | 5 | 103 | 27 | 14 | 5 | 1 | 21 | .322 | .340 |
| '12計 | | 162 | 663 | 629 | 77 | 178 | 28 | 6 | 9 | 245 | 55 | 29 | 22 | 5 | 61 | .283 | .307 |
| 2013 | | 150 | 555 | 520 | 57 | 136 | 15 | 3 | 7 | 178 | 35 | 20 | 26 | 4 | 63 | .262 | .297 |
| 2014 | | 143 | 385 | 359 | 42 | 102 | 13 | 2 | 1 | 122 | 22 | 15 | 21 | 1 | 68 | .284 | .324 |
| 2015 | マーリンズ | 153 | 483 | 398 | 45 | 91 | 5 | 6 | 1 | 111 | 21 | 11 | 31 | 1 | 51 | .229 | .282 |
| NPB:9年 | | 951 | 4098 | 3619 | 658 | 1278 | 211 | 23 | 118 | 1889 | 529 | 199 | 384 | 98 | 333 | .353 | .421 |
| MLB:15年 | | 2357 | 10146 | 9362 | 1348 | 2935 | 341 | 91 | 113 | 3797 | 738 | 498 | 596 | 179 | 995 | .314 | .356 |

※アミ太字はリーグ最高、白抜き数字はMLBにおける歴代最高

# 第10章 チームに流されないリーダー論

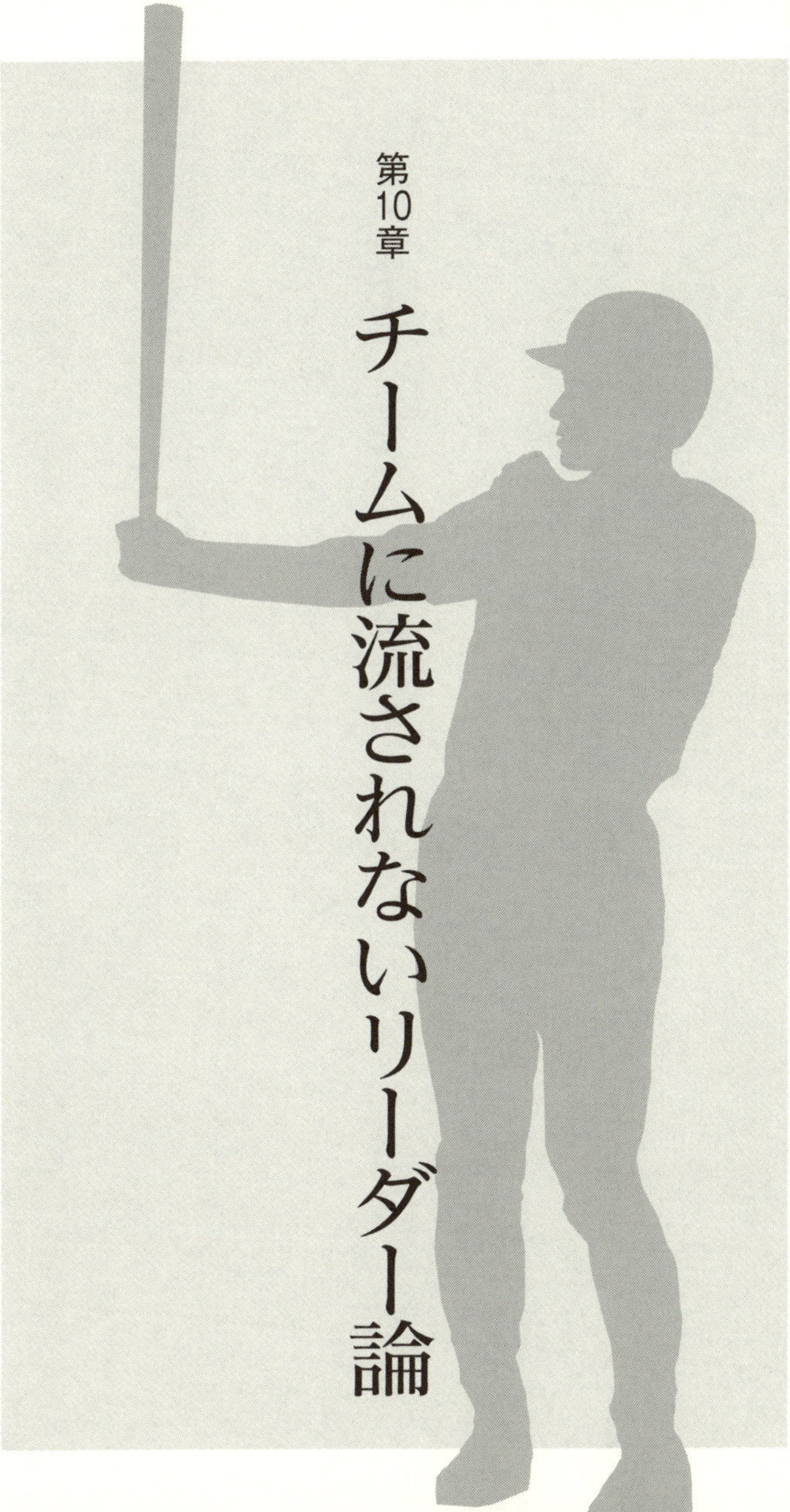

## 説得力あるリーダーの背後にあるもの

言葉とは「何を言うか」ではなく、
「誰が言うか」に尽きる。
その「誰が」に値する生き方をしたい。

（自分が目指す理想像について語った言葉）

同じことを言っても、誰が言うかによって重みが違う。同じアドバイスでも、イチローが主張すればほかの選手は従うが、同じアドバイスをしても実績のない選手のアドバイスではなかなか受け入れられないという現実がある。

これを心理学的には「ハロー効果」と呼んでいる。ハローとは、仏像の後ろにある後光《ごこう》をかたどった飾り（光背《こうはい》）のこと。際立った実績が「ハロー効果」を生み出すのだ。

ハロー効果を自分のものにするには、その道のプロになり、理屈抜きに実績を上げるしかない。それには、自分の潜在能力を引きずり出すことが欠かせない。

実は、潜在能力は、自分も含めて誰もが不可能と思えることに着手すれば発揮される。自分には無理と最初からあきらめてはいけない。なぜなら、100人のうち99人は自分を過小評価しているからだ。イチローのような一握りの人間だけが自分の潜在能力の凄さを正当に評価している。

自らの潜在能力を信じて黙って実績を上げる。そうして初めて「ハロー効果」を獲得することができ、あなたは周囲の人間を動かせるようになる。

## §論より実績を積む

## 理屈を超えた、心動かす伝え方

新しい場所に行って、新しいユニフォームを着てプレイすることに決まりましたが、これからも応援よろしくお願いします……とは、僕は絶対に言いません。応援して頂けるような選手であるために、自分がやらなければならないことを続けていくということをお約束して、それをメッセージにさせて頂いてもよろしいでしょうか？

（2015年、東京で開催されたマーリンズ入団記者会見で語った言葉）

ファンの応援は自然発生的に湧き上がるものであって、応援される当事者がファンに求めるものではない、というイチローならではの思考パターンがこの言葉から読み取れる。

2015年1月29日、イチローは都内でマイアミ・マーリンズの入団記者会見を行い、デビッド・サムソン球団社長以下、球団幹部が揃ってこの会見に出席した。

「周囲の人たちを感動させるような仕事をしたい！」という強い気持ちが、イチローにこの言葉を言わせたと私は考えている。それは多くのアスリートが考えている「応援してもらえればいい仕事ができる」、だから「応援よろしくお願いします」という思考パターンとは真逆である。

2015年3月のスプリングキャンプの雑誌取材でも、イチローはこう語っている。

「最近、自分のことをしゃべるのってダサいなって強く思えるようになってきたんです。自分のことを自分で伝えようとすればするほど、他人の言葉には残らない。本当に自分のことを伝えられるのは、じつは自分ではないと感じています」

目の前の作業に集中して最高の成果を上げることに専念しよう。そうすれば、あなたの仕事は周囲の人たちに感動を与え、自然発生的に応援してもらえるようになる。

## §黙っていても応援してもらえる存在を目指す

## 「チームワーク」は強調しすぎてはいけない

強いチームというのは、
個人があってチームがあると思うんですよ。
個々が持っている力を発揮して、役割を果たして、
それが結果としてチームとしての力となる。

（チームと個人に関する持論に触れて）

チームは個の力で成り立っている。この言葉に続けて、イチローはこう語っている。

「でも、弱いチームはそうではない。個人の力が発揮されない。だから勝てない。チームのためにという言葉でごまかして、個人としての力を発揮できないことへの言い訳を探す、そうしたらもっと勝てなくなる……悪循環ですよね」

本来チームワークとは、弱者救済を尊ぶボーイスカウトで生まれた言葉である。たとえば、子供が川の急流を渡る時、大人が子供の両肩を支えて渡らせてやるという場面で使用される。それが現在では、個よりも全体の利益を優先するシチュエーションで使われることが多い。特に日本では、野球のようなチームスポーツで顕著に使用される。

たとえば、日本のコーチは、「チームワークを大事にして自分勝手なプレーを慎め！」と選手にアドバイスする。一方、アメリカのコーチは、「自分のプレーを目いっぱい発揮すれば自然にチームワークは生まれてくる！」と励ます。この点では、アメリカのコーチに分があると私は考える。一人ひとりのメンバーが個の力を高めることを最優先させることにより、チームは黙っていても、大きな成果を得られるようになるのだ。

## §個の成長があってこそのチームワーク

## 一流のリーダーが持っている孤独力

僕、孤高《ここう》ですか。
でも……そうだとしたら、
かなり嬉しいですね。
孤高なんて形容してもらえたら、
それは最高の褒め言葉ですから。

（２００９年１月の雑誌のインタビューで語った言葉）

２００８年のシーズン、マリナーズはア・リーグ西地区で首位エンゼルスに39ゲームも離されて、ぶっちぎりの最下位に沈む。

ほとんどの選手が不振にあえいでいた時に、イチローただ一人が好成績をキープした。そんな時、「イチローは自分のことしか考えない」というやっかみの言葉をぶつけられることも珍しくなかった。野手にとってヒットを打つことが即チームに貢献することなのに。

若者に絶大な人気のある実業家・堀江貴文さんは、その著書『本音で生きる』（ＳＢクリエイティブ）でこう語っている。

「結局、他人のことなんて誰も気にしてはいない。それなのに、たいていの人は有名人でもなんでもないのに、自分が世間から注目されていると思い込んでいる。本当は、有名人ですら、誰も注目していないのに。（中略）だからこそ、実際には存在しない『世間体』などというものは気にする必要はまったくないのだ」

時には、孤独になって自分を見つめてみよう。世間に群れず、徹底して持論を貫いて自分のやり方で仕事の成果を上げることに全力を尽くす。これこそ人生を充実させる大きな要素である。

## §孤独を味方にする

## チームの結束力が最も高まる瞬間

人と人との関係は、
感謝する側と感謝される側って感じになると
ややこしくなってしまいます。
双方が互いに感謝するという関係になって
初めていろんなことが生まれてくると思うんです。

（第2回WBCで監督を務めた原辰徳監督のことを意識しながら語った言葉）

２００９年の第２回ＷＢＣで監督に就任した原辰徳監督から電話で正式に出場を要請されたイチローは、「僕も全力で準備させていただきます」と即答したという。

その時のことを思い出しながら、イチローはこうも語っている。

「選手というのは、最後の最後では、よし、行ってこい、バンッて背中を叩いて送り出してほしいものです。原監督って、そういう勢いを持ってるんじゃないかって思います」

選手と監督が一枚岩のチームは強い。ただし、コミュニケーションのツールとして、言葉による結び付きだけでは弱い。もっと言えば、言葉で表現しないと伝わらないリーダーシップとメンバーの関係は脆弱《ぜいじゃく》なのである。

## §「ここはお前に任せた」を口癖に

もしもあなたがリーダーなら、メンバーに対して「ここはお前に任せた」という言葉を口癖にしよう。あるいはあなたがメンバーなら、リーダーに対して、「ここは任せてください」と自信たっぷりに表現しよう。

信頼とは、そのような「以心伝心」「阿吽《あうん》の呼吸」といった人間関係からしか生まれてこない。

## リーダーとして一番欠かせない条件

ぼくは仰木監督によって
生き返らせてもらったと思っています。
監督は数試合安打が出なくても、
根気よく使ってくれました。
その監督に感謝するためにも、
いい成績を残したかった。

（２００４年に仰木監督の殿堂入りを祝う席で語った言葉）

イチローの人生を変えた師に仰木彬《おおぎあきら》がいる。１９９４年、仰木はオリックス・ブルーウェーブの監督に就任。それまで一軍と二軍を行ったり来たりしていたイチローを開幕から一軍に抜擢し、たとえ結果が出なくても我慢強く使い続けた。

その期待に報いるために、イチローはこのシーズン、凄まじい活躍をして、打率３割８分５厘、２１０本のヒットを打って見事、首位打者に輝いた。

イチローが最後に仰木に会ったのは２００５年11月。肺がんを患い、死期が近づいていた仰木を見舞うため、福岡市内の病院を訪れたのだ。その時、仰木はイチローの顔を見て涙を流したという。亡くなったのは12月15日。その5日後にイチローと仰木はうどんすきを食べに行こうと約束していたという。しかし、その約束は結局かなえられなかった。

リーダーには、時として我慢強さが試される。結果が出ないとすぐに選手を引っ込めるような監督が、一流の選手を育て上げることなどできない。メンバーに期待して根気よく励ませば、必ずその期待に応えて彼らは成果を上げてくれる。仰木のような素晴らしいリーダーに出会ったイチローは幸せ者である。

## § 我慢強さこそリーダーの最大の武器

## 参考文献

『イチロー思考』児玉光雄著　東邦出版
『天才・イチロー　なお挑み続ける「言葉」』児玉光雄著　イーストプレス
『「イチローの成功習慣」に学ぶ』児玉光雄著　サンマーク出版
『イチローの流儀』小西慶三著　新潮社
『イチロー×矢沢永吉　英雄の哲学』ぴあ
『イチロー・インタヴューズ』石田雄太著　文藝春秋
『仕事と幸福、そして人生について』ジョシュア・ハルバースタム著　桜田直美訳　ディスカヴァー・トゥエンティワン
『働くみんなのモティベーション論』金井壽宏著　NTT出版
『最善主義が道を拓く』タル・ベン・シャハー著　田村源二訳　幸福の科学出版
『それでも仕事は「好き！」で選べ』田中和彦著　ナナ・コーポレート・コミュニケーション
『自分を超える法』ピーター・セージ著　駒場美紀・相馬一進訳　ダイヤモンド社
『自分が変わるための15の成長戦略』ジョン・C・マクスウェル著　佐々木常夫監訳　三笠書房
『「努力」が報われる人の心理学』内藤誼人著　PHP研究所
『究極の鍛練』ジョフ・コルヴァン著　米田隆訳　サンマーク出版

『スポーツマンのためのメンタルタフネス』ジム・レーヤー著　阪急コミュニケーションズ
『イチロー　魂の言葉』石田靖司&MLB研究会著　アールズ出版
『夢をつかむ　イチロー262のメッセージ』ぴあ
『未来をかえる　イチロー262のNextメッセージ』ぴあ
『自己を変革する　イチロー262のメッセージ』ぴあ
『キャッチボール　ICHIRO　meets　you』イチロー・糸井重里著　ぴあ
『Number』文藝春秋
『Sportiva』集英社
『週刊プレイボーイ』集英社
『日経電子版』日本経済新聞社
『報知新聞Web』
『ライブドアニュース』
『日経BIZアカデミー』
NHKBS特集『新記録への軌跡』

# 青春新書 INTELLIGENCE

こころ涌き立つ「知」の冒険

## いまを生きる

"青春新書"は昭和三一年に——若い日に常にあなたの心の友として、その糧となり実になる多様な知恵が、生きる指標として勇気と力になり、すぐに役立つ——をモットーに創刊された。

そして昭和三八年、新しい時代の気運の中で、新書"プレイブックス"にその役目のバトンを渡した。「人生を自由自在に活動《プレイ》する」のキャッチコピーのもと——すべてのうっ積を吹きとばし、自由闊達な活動力を培養し、勇気と自信を生み出す最も楽しいシリーズ——となった。

いまや、私たちはバブル経済崩壊後の混沌とした価値観のただ中にいる。その価値観は常に未曾有の変貌を見せ、社会は少子高齢化し、地球規模の環境問題等は解決の兆しを見せない。私たちはあらゆる不安と懐疑に対峙している。

本シリーズ"青春新書インテリジェンス"はまさに、この時代の欲求によってプレイブックスから分化・刊行された。それは即ち、「心の中に自らの青春の輝きを失わない旺盛な知力、活力への欲求」に他ならない。応えるべきキャッチコピーは「こころ涌き立つ"知"の冒険」である。

予測のつかない時代にあって、一人ひとりの足元を照らし出すシリーズでありたいと願う。青春出版社は本年創業五〇周年を迎えた。これはひとえに長年に亘る多くの読者の熱いご支持の賜物である。社員一同深く感謝し、より一層世の中に希望と勇気の明るい光を放つ書籍を出版すべく、鋭意志すものである。

平成一七年

刊行者　小澤源太郎

著者紹介

児玉光雄〈こだま　みつお〉

1947年兵庫県出身。追手門学院大学客員教授。日本体育学会会員、日本スポーツ心理学会会員。京都大学工学部卒業。学生時代はテニスプレーヤーとして全日本選手権に出場。カリフォルニア大学ロサンゼルス校（UCLA）大学院で工学修士号を取得。米国五輪委員会スポーツ科学部門本部の客員研究員としてオリンピック選手のデータ分析に従事。過去20年以上にわたりプロスポーツ選手のメンタルカウンセラーを務める。また、日本では数少ないプロスポーツ選手・スポーツ指導者のコメント心理分析のエキスパートとしても活躍している。

主な著書に『イチロー思考』（東邦出版）、『勉強の技術』（SBクリエイティブ）、『レジェンド　不屈の現役たちの言葉』（河出書房新社）ほか多数。

イチロー流《りゅう》　準備《じゅんび》の極意《ごくい》　　青春新書 INTELLIGENCE

2016年５月15日　第１刷
2016年７月10日　第２刷

著　者　児《こ》玉《だま》光《みつ》雄《お》

発行者　小澤源太郎

責任編集　株式会社プライム涌光
電話　編集部　03(3203)2850

発行所　東京都新宿区若松町12番１号 〒162-0056　株式会社青春出版社
電話　営業部　03(3207)1916　振替番号　00190-7-98602

印刷・中央精版印刷　製本・ナショナル製本

ISBN978-4-413-04483-7